Hinter dem Sachregister befindet sich ein ausführliches Verzeichnis der

Guttentagschen Sammlung

Deutscher Reichs- und Preußischer Gesetze

— Textausgaben mit Anmerkungen; Taschenformat —

die alle wichtigeren Gesetze in unbedingt zuverlässigem Abdruck und mit mustergültiger Erläuterung wiedergibt.

Guttentagsche Sammlung
Nr. 116a. Deutscher Reichsgesetze. Nr. 116a.
Textausgaben mit Anmerkungen.

Kriegs-
Zivil- und Finanzgesetze.

Zweite Folge: Das Jahr 1915.

(Fortsetzung der 3. Auflage des Bändchens Nr. 116: Kriegs-Zivil- und Finanzgesetze vom 4. August 1914 an.)

Berlin 1916.
J. Guttentag, Verlagsbuchhandlung,
G. m. b. H.

Vorwort.

Die dritte Auflage des Bändchens 116 unsrer Sammlung, „Kriegs-Zivil- und Finanzgesetze", schließt mit dem Beginn des Jahres 1915. Seitdem ist die gesetzgebende Tätigkeit des Reiches auf dem Gebiete der Kriegswirtschaft rüstig vorwärts geschritten, hat dabei vorwiegend die Form von Bundesratsverordnungen auf Grund des § 3 des Ermächtigungsgesetzes gewählt und teilweise neue Gebiete geregelt, teilweise frühere Verordnungen abgeändert.

Wir geben in dem vorliegenden Bändchen 116a den gesamten hierhergehörigen Stoff des Jahres 1915 und drucken die im Bändchen 116 aufgenommenen Bekanntmachungen, soweit sie aus dem Jahre 1915 (Januar) stammen, nochmals ab, damit die Verordnungen aus dem ganzen Kalenderjahr hier vollzählig beisammen sind. Beide Bändchen stehen im Zusammenhang miteinander. Wie bisher werden die Verordnungen, die sich auf militärische Dinge oder auf Post, Eisenbahnen, Paßpflicht, Kolonialfragen und Prisenordnung beziehen, übergangen.

Die Verordnungen auf dem großen, aber dauernd der Abänderung unterliegenden Gebiet der Volksernährung, der Höchstpreise, Ein- und Ausfuhr und Beschlagnahme aller Art sind — im Gegensatz zu dem Bändchen 116 — hier nur mit ihren Überschriften und kurzen Inhaltsangaben als Gesetzestafel aufgeführt. Diese Beschränkung mußten wir uns im Interesse derjenigen Interessenten dieses Büchleins auferlegen, die mit solchen speziellen Fragen nicht unmittelbar zu tun haben und die Belastung des Buches mit dem Wortlaut dieser umfangreichsten Verordnungen nicht gutgeheißen haben würden. Die Spezialinteressenten für dieses Gebiet besitzen überdies ihre eigenen literarischen Hilfsmittel, und für denjenigen, der sich über diese Gruppe der Verordnungen unterrichten will, bildet die Aufzählung, wie wir sie geben, einen gewiß willkommenen Wegweiser. (Siehe Abschn. XII S. 125 ff. dieses Buches.)

In der Anordnung des Stoffes folgen wir derjenigen im Bändchen 116, jedoch mit unbedeutenden diesmal gebotenen Abweichungen.

Hinsichtlich der Bekanntmachungen, die sich als Ausführungsbestimmungen zu anderen dartun, berücksichtigen wir im wesentlichen nur die im Reichsgesetzblatt veröffentlichten.

Aus amtlichen Begründungen und aus den dem Reichstag übergebenen Denkschriften ist soviel wiedergegeben, wie zum Verständnis der Gesetze und Verordnungen erforderlich erschien.

Möge diese Arbeit die gleichen Dienste leisten wie ihr Vorgänger.

Berlin, im Januar 1916.

Die Verlagsbuchhandlung.

Inhaltsverzeichnis.

IV. Arbeiterschutz und Sozialversicherung.

V. Fristen des Wechsel- und Scheckrechts.

VII. Bewilligung von Zahlungsfristen.
(Individuelles Moratorium.)

VIII. Patent-, Gebrauchsmuster- und Warenzeichenrecht.

X. Zulassung von Kraftfahrzeugen u. dergl.

Seite

XI. Verschiedenes.

XII. Volksernährung, Beschlagnahme u. dergl.

I.

Unterstützung und Begünstigung von Kriegsteilnehmern

(einschl. Kriegswohlfahrtspflege und Gerichtsverfahren für Kriegsteilnehmer).

1. Gesetz, betreffend Änderung des Gesetzes, betreffend die Unterstützung von Familien in den Dienst eingetretener Mannschaften, vom 28. Februar 1888 (Reichs-Gesetzbl. S. 59).

Vom 30. September 1915 (RGBl. S. 629).

Einziger Paragraph.

1. Im § 10 Abs. 5 des Gesetzes, betreffend die Unterstützung der Familien in den Dienst eingetretener Mannschaften, vom 28. Februar 1888 (Reichs-Gesetzbl. S. 59) / 4. August 1914 (Reichs-Gesetzbl. S. 332) ist der Satz 2 zu streichen.*)

2. Als Abs. 6 ist einzufügen:

   Die Familienunterstützung wird während dreier Monate über den Zeitpunkt hinaus, von dem an die den Hinterbliebenen auf Grund des Gesetzes vom 17. Mai 1907 (Reichs-Gesetzbl. S. 214) zu zahlenden Hinterbliebenenbezüge zuständig sind, weitergewährt. Etwa darüber hinaus gezahlte

*) Hierdurch wird das Gesetz etwas ausgedehnt, s. Kriegs-Zivil- und Finanzgesetze (Guttentagsche Sammlung deutscher Reichsgesetze Nr. 116). 3. Aufl. 1915, S. 25.

Familienunterstützungen gelten als Vorschußzahlungen auf die Hinterbliebenenbezüge und sind bei deren Auszahlung einzubehalten.

2. Kaiserliche Verordnung,*) betreffend die Unterstützung der Familien von Mannschaften des Beurlaubtenstandes und des Landsturms, die bei einer Schutztruppe in den Dienst getreten sind.

Vom 19. März 1915 (RGBl. S. 187).

§ 1. Die Familien der Mannschaften des Beurlaubtenstandes und des Landsturms erhalten, sobald diese Mannschaften bei Mobilmachungen oder notwendigen Verstärkungen einer Schutztruppe oder von Heeres- und Marineteilen, die in einem Schutzgebiete Verwendung finden, in den Dienst eintreten oder zu Friedensübungen einberufen werden, auf Antrag nach Maßgabe der Bedürftigkeit Unterstützungen nach näherer Bestimmung dieser Verordnung. Das gleiche gilt bezüglich der Familien derjenigen Mannschaften, welche das wehrpflichtige Alter überschritten haben und freiwillig in den Dienst eintreten, sowie des Unterpersonals der freiwilligen Krankenpflege.

§ 2. Auf die nach § 1 zu gewährenden Unterstützungen haben Anspruch:

a) die Ehefrau des Eingetretenen und dessen eheliche und den ehelichen gesetzlich gleichstehende Kinder unter 15 Jahren, sowie

---

*) Auf Grund des § 19 des Wehrgesetzes für die Schutzgebiete vom 22. Juli 1913. Die vorliegende Verordnung entspricht in wesentlichen Stücken dem Gesetz betr. Unterstützung von Familien in den Dienst eingetretener Mannschaften vom 28. Februar 1888/4. August 1914.

b) dessen Kinder über 15 Jahre, Verwandte in aufsteigender Linie und Geschwister, insofern sie von ihm unterhalten wurden, oder das Unterhaltungsbedürfnis erst nach erfolgtem Diensteintritte hervorgetreten ist,

c) dessen uneheliche Kinder, insofern seine Verpflichtung als Vater zur Gewährung des Unterhalts festgestellt ist.

Unter den unter b bezeichneten Voraussetzungen kann im Falle der Bedürftigkeit den Stiefeltern, Stiefgeschwistern und Stiefkindern des Eingetretenen, den Verwandten seiner Ehefrau in aufsteigender Linie eine Unterstützung gewährt werden.

Unter denselben Voraussetzungen sind auch den unehelichen mit in die Ehe gebrachten Kindern der Ehefrau die Unterstützungen zu gewähren, auch wenn der Ehemann nicht ihr Vater ist.

Elternlose Enkel eines Eingetretenen sind den ehelichen Kindern des Eingetretenen gleichzustellen.

Entfernteren Verwandten und geschiedenen Ehefrauen, mit Ausnahme der schuldlos geschiedenen Ehefrau, der nach § 1578 BGB. der Ehemann den Unterhalt zu gewähren verpflichtet ist, steht ein solcher Unterstützungsanspruch nicht zu.

Für die Gewährung von Unterstützungen nach den Bestimmungen dieser Verordnung kommen nur im Schutzgebiete sich aufhaltende Personen in Betracht; auf andere Unterstützungsberechtigte finden die Reichsgesetze vom 28. Februar 1888 (Reichs-Gesetzbl. S. 59) in der Fassung des Gesetzes zur Abänderung dieses Gesetzes vom 4. August 1914 (Reichs-Gesetzbl. S. 332) und vom 10. Mai 1892 (Reichs-Gesetzbl. S. 661) entsprechende Anwendung.

§ 3. Der Anspruch auf Unterstützung ist bei derjenigen örtlichen Verwaltungsbehörde anzubringen, in deren Bezirke der Unterstützungsberechtigte zur Zeit des Beginns des Unterstützungsanspruchs seinen gewöhnlichen Aufenthaltsort hat; er erlischt, wenn er im Mobilmachungsfall und bei Verstärkungen nicht innerhalb 6 Monaten nach Aufhebung des Kriegszustandes beziehungsweise Entlassung der Verstärkungen und in Friedenszeiten nicht innerhalb 3 Monaten nach Beendigung der Übung geltend gemacht wird.

§ 4. Die Unterstützungen sollen im allgemeinen nachstehende Sätze nicht übersteigen:

a) für die Ehefrau . . . . 30 Mark,
b) für jede andere unterstützungsberechtigte Person . . . . 15 „

für den Monat.

Unter besonderen Umständen dürfen diese Sätze auf 50 Mark und 20 Mark erhöht werden.

§ 5. Über die Bedürftigkeit und die Höhe der zu gewährenden Unterstützungen entscheidet auf Vorschlag der zuständigen örtlichen Verwaltungsbehörde eine Kommission, bestehend aus dem Zivilvorsitzenden der Ersatzkommission und zwei vom Gouvernement zu ernennenden Beisitzern. Gehört der Antragsteller einem Gemeindeverband an, dann hat die Gemeindebehörde vorher zu dem Unterstützungsantrage Stellung zu nehmen. Von der Bewilligung hat die Kommission dem Truppenteile Kenntnis zu geben.

§ 6. Die bewilligten Unterstützungsbeträge sind monatlich im voraus von der Kasse der zuständigen örtlichen Verwaltungsbehörde zu zahlen. Rückzahlungen der vorausbezahlten Beträge finden auch dann nicht statt, wenn der in den Dienst Eingetretene vor Ablauf des Monats zurückkehrt, für den zuletzt eine Unterstützung gewährt wurde.

Für Beginn und Fortdauer der Unterstützungen kommt auch der für Hin- und Rückmarsch zum beziehungsweise vom Truppenteil erforderliche Zeitraum in Berechnung.

Die Unterstützungen werden dadurch nicht unterbrochen, daß der in den Dienst Eingetretene als krank oder verwundet zeitweilig beurlaubt wird.

Wenn der in den Dienst Eingetretene vor seiner Rückkehr verstirbt oder vermißt wird, so werden die Unterstützungen im Mobilmachungsfall und bei Verstärkungen so lange gewährt, bis die Formation, der er angehörte, auf den Friedensfuß zurückgeführt oder aufgelöst wird, beziehungsweise die Verstärkungsmannschaften entlassen werden.

In Friedenszeiten werden in diesen beiden Fällen die Unterstützungen bis Ende des Monats gewährt, in dem der Dienst sonst beendet worden wäre.

Neben den gesetzlichen Versorgungs- und Gnadenbezügen der Hinterbliebenen werden die durch diese Verordnung geregelten Unterstützungen nicht gewährt; eine Rückforderung bereits gezahlter Familienunterstützungen findet bei verspäteter Auszahlung der Versorgungs- und Gnadenbezüge nicht statt.

§ 7. Falls Personen, deren Familien nach den Vorschriften dieser Verordnung Unterstützungen erhalten, nach ihrem Eintritt in den Dienst

a) gemäß § 360 der Militärstrafgerichtsordnung vom 1. Dezember 1898 (Reichs-Gesetzbl. S. 1189) durch Gerichtsbeschluß für fahnenflüchtig erklärt werden, oder

b) durch gerichtliches Erkenntnis zu Gefängnisstrafe von längerer als sechsmonatiger Dauer oder zu einer härteren Strafe verurteilt werden,

so wird die bewilligte Unterstützung während der Zeit der Fahnenflucht oder Strafverbüßung eingestellt; § 6 Abs. 1 findet auch hier Anwendung.

Stellt sich der Verdacht im Falle zu a nachträglich als unbegründet heraus, so wird die Unterstützung nachgezahlt.

Die Truppenbefehlshaber haben in diesen Fällen dem Gouvernement schleunigst Nachricht zu geben.

§ 8. Der Reichskanzler hat die zur Ausführung dieser Verordnung erforderlichen Bestimmungen zu erlassen.

§ 9. Vorstehende Verordnung tritt mit Wirkung vom 1. August 1914 in Kraft.

3. Verfügung

des Reichskanzlers zur Ausführung der Kaiserlichen Verordnung, betreffend die Unterstützung der Familien von Mannschaften des Beurlaubtenstandes und des Landsturms, die bei einer Schutztruppe in den Dienst getreten sind, vom 19. März 1915.

Vom 23. März 1915 (RGBl. S. 191).

Auf Grund des § 8 der Kaiserlichen Verordnung, betreffend die Unterstützung der Familien von Mannschaften des Beurlaubtenstandes und des Landsturms, die bei einer Schutztruppe in den Dienst getreten sind, vom 19. März 1915 (Reichs-Gesetzbl. S. 187), wird hierdurch folgendes bestimmt:

§ 1. Die Familien derjenigen Mannschaften, die im Herbste 1914 ihre aktive Dienstpflicht bei der Schutztruppe für Deutsch-

Südwestafrika vollendet haben und nicht entlassen worden sind, erhalten vom 1. Oktober 1914 ab Familienunterstützung.

§ 2. Als in den Dienst eingetreten sind im Sinne dieser Verordnung auch anzusehen

a) die Mannschaften des Beurlaubtenstandes der Schutztruppe für Deutsch-Südwestafrika, von denen mit größter Wahrscheinlichkeit angenommen werden kann, daß sie außerhalb des Schutzgebiets Deutsch-Südwestafrika bei einem Heeres- oder Marineteile zur Einstellung gelangt sind,

b) diejenigen Mannschaften des Beurlaubtenstandes, die zum Dienste bei einer Schutztruppe einberufen worden sind, infolge der kriegerischen Ereignisse aber nicht mehr in der Lage waren, sich in das Schutzgebiet zu begeben, sofern glaubhaft gemacht wird, daß sie im Ausland zurückgehalten werden.

§ 3. Diejenigen Mannschaften, die auf Reklamation vorzeitig entlassen worden und militärisch ausgebildet sind (Wehrordnung § 82, 5 c), treten gemäß § 14 Ziffer 4 der Heerordnung zur Reserve über. Falls diese Mannschaften in den Dienst der Schutztruppe eintreten, haben deren Angehörige Anspruch auf Unterstützung.

§ 4. Anspruchsberechtigt sind auch die Familien derjenigen Mannschaften, die noch nicht militärpflichtig sind oder noch keine endgültige Entscheidung über ihr Militärverhältnis haben, infolge der Mobilmachung oder des Aufrufs zum Landsturm aber zum Kriegsdienst eingezogen werden oder als Kriegsfreiwillige eintreten.

Dagegen haben keinen Anspruch auf Familienunterstützung die Angehörigen derjenigen Militärpflichtigen, die bei der Friedensaushebung 1914 tauglich befunden und vorläufig beurlaubt worden waren, da sie jetzt zur Erfüllung ihrer aktiven Dienstpflicht herangezogen worden sind.

Nicht in Betracht kommen ferner die Familien derjenigen Mannschaften, die als Freiwillige gemäß § 98 Ziffer 1 in Verbindung mit § 24 der Wehrordnung zur Einstellung gelangen.

Ebensowenig können die Angehörigen derjenigen Kriegsfreiwilligen, die das 17. Lebensjahr noch nicht vollendet haben, berücksichtigt werden.

Dagegen sind auch den Angehörigen derjenigen Kriegsfreiwilligen, die außerhalb jeden Militärverhältnisses, wie die als dauernd untauglich Ausgemusterten stehen und sich im wehrpflichtigen Alter befinden, Familienunterstützungen zu gewähren.

§ 5. Die im § 2 Abs. 1a der Kaiserlichen Verordnung bezeichneten Personen sind als eine Einheit zu betrachten; eine Unterscheidung dahin, daß die Unterstützung für die Frau versagt, für alle oder einige Kinder aber gewährt werden kann, ist unzulässig.

§ 6. Diese Verordnung tritt mit Wirkung vom 1. August 1914 in Kraft.

4. Bekanntmachung, betreffend Einwirkung der Fürsorge von Kriegsteilnehmern auf deren Unterstützungswohnsitz.

Vom 13. November 1915 (Reichs-Gesetzbl. S. 764).

Unterstützungen, die auf Grund des Gesetzes vom 28. Februar 1888/4. August 1914, betreffend die Unterstützung von Familien in den Dienst eingetretener Mannschaften, gewährt werden oder gewährt worden sind, bewirken, soweit sie ganz oder zum Teil an Stelle solcher Unterstützungen treten, die bisher von Armenverbänden wegen einer nicht nur vorübergehenden Hilfsbedürftigkeit gewährt worden sind, das Ruhen der einjährigen Frist für den Erwerb und Verlust des Unterstützungswohnsitzes der unterstützten Personen sowie derjenigen, deren Unterstützungswohnsitzverhältnisse die Unterstützten teilen.

5. Bekanntmachung über die Vertretung der Kriegsteilnehmer in bürgerlichen Rechtsstreitigkeiten.

Vom 14. Januar 1915 (RGBl. S. 17).

§ 1. Einem Kriegsteilnehmer (§ 2 des Gesetzes vom 4. August 1914, Reichs-Gesetzbl. S.328)*), der ohne Vertreter ist, kann der Vorsitzende des Prozeßgerichts auf Antrag des Gegners einen geeigneten Vertreter bestellen, der die Rechte und Verpflichtungen des Kriegsteilnehmers im Rechtsstreit wahrzunehmen hat. Die Bestellung ist nur zulässig, wenn sie zur Verhütung offenbarer Unbilligkeiten erforderlich erscheint. Vor der Bestellung soll der Vorsitzende, soweit tunlich, Verwandte des Kriegsteilnehmers oder andere Personen hören, die mit dessen Verhältnissen vertraut sind.

Die Bestellung des Vertreters soll dem Kriegsteilnehmer unverzüglich mitgeteilt werden. Der Kriegsteilnehmer kann dem Vertreter die Vertretungsbefugnis entziehen, soweit er einen anderen Vertreter bestellt.

§ 2. Der § 3 Abs. 2 des Gesetzes, betreffend den Schutz der infolge des Krieges an Wahrnehmung ihrer Rechte behinderten Personen, vom 4. August 1914 (Reichs-Gesetzbl. S. 328) erhält folgenden Satz 2:

„Betrifft der Rechtsstreit einen vermögensrechtlichen Anspruch, so kann das Prozeßgericht den Antrag ablehnen, wenn die Aussetzung nach den Umständen des Falles offenbar unbillig ist."

§ 3. Soweit durch die Bestellung eines Vertreters (§ 1) besondere Kosten entstehen, hat der Gegner des Kriegsteilnehmers sie auch im Falle des Obsiegens zu tragen.

§ 4. Diese Verordnung tritt mit dem Tage der Verkündung in Kraft.

In den zur Zeit des Inkrafttretens der Verordnung anhängigen vermögensrechtlichen Streitigkeiten, in denen das Verfahren auf

---

*) Vgl. Kriegs-Zivil- u. Finanzgesetze (Guttentagsche Sammlung deutscher Reichsgesetze Nr. 116) S. 28ff.

Grund des Gesetzes vom 4. August 1914 (Reichs-Gesetzbl. S. 328) unterbrochen oder ausgesetzt ist, kann der Gegner den Kriegsteilnehmer zu Händen des Vertreters zur Aufnahme des Verfahrens und zugleich zur Verhandlung der Hauptsache laden. Der Kriegsteilnehmer ist zur Aufnahme des Verfahrens nur verpflichtet, wenn die weitere Unterbrechung oder Aussetzung nach den Umständen des Falles offenbar unbillig ist; die tatsächlichen Behauptungen, die zur Begründung dieser Verpflichtung dienen, sind in dem die Ladung enthaltenden Schriftsatz mitzuteilen. Erscheint in dem Termine für den Kriegsteilnehmer niemand und ist nach den als zugestanden anzunehmenden tatsächlichen Behauptungen die Verpflichtung zur Aufnahme begründet, so gilt das Verfahren als aufgenommen und ist zur Hauptsache zu verhandeln.

Die amtliche Begründung führt hierzu u. a. folgendes aus:

Das Gesetz, betreffend den Schutz der infolge des Krieges an Wahrnehmung ihrer Rechte behinderten Personen, vom 4. August 1914 (Reichs-Gesetzbl. S. 328), unterwirft die Rechtsverfolgung gegen Kriegsteilnehmer erheblichen Beschränkungen. In bürgerlichen Rechtsstreitigkeiten, in denen ein Kriegsteilnehmer Partei ist, wird das Verfahren von Gesetzes wegen unterbrochen (§ 2). Ist der Kriegsteilnehmer durch einen Prozeßbevollmächtigten vertreten, oder hat er einen anderen Vertreter, der zur Wahrnehmung seiner Rechte berufen ist, so tritt zwar eine Unterbrechung kraft Gesetzes nicht ein; das Gericht hat jedoch auf Antrag des Vertreters die Aussetzung des Verfahrens anzuordnen (§ 3). Diese Vorschriften sind in einer Reihe von Fällen aus Böswilligkeit dazu mißbraucht worden, um die Erfüllung bestehender Zahlungspflichten ohne Grund zu verweigern. Unter Berufung auf das Gesetz haben Kriegsteilnehmer, die in günstigen wirtschaftlichen Verhältnissen leben, die Zahlung unbestrittener laufender Verbindlichkeiten, insbesondere der Mietschulden, mit Erfolg abgelehnt. Ehefrauen, die das Geschäft ihres zur Fahne einberufenen Mannes in dem bisherigen Umfang mit gutem Erfolge weiterführen oder das Einkommen des Mannes unverkürzt fortbeziehen, sind namens ihres Mannes gegen dessen Schuldner gerichtlich vorgegangen, haben sich aber, wenn sie ihrerseits von Vermietern oder Geschäftsgläubigern gerichtlich in Anspruch genommen wurden, der Zahlung der Schulden entzogen. Besonders schwer sind die Mißstände empfunden worden, wenn der Kriegsteilnehmer, wie es mehrfach vorgekommen ist, in seinem Heimatsorte verwendet wurde, oder wenn der benachteiligte Gläubiger selbst zu den Kriegsteilnehmern gehörte ... Die Verordnung sucht diese Unzuträglichkeiten zu beseitigen. Sie läßt in Ausnahmefällen eine Rechtsverfolgung gegen einen Kriegsteilnehmer zu, indem sie im § 2 die Möglichkeit eröffnet, einen gemäß § 3 Abs. 2 des Gesetzes vom 4. August 1914 gestellten Antrag auf Aussetzung des Verfahrens abzulehnen. Die Ablehnung soll jedoch, dem Ausnahmecharakter der Maßregel entsprechend, nur in vermögensrechtlichen Streitigkeiten und nur dann zulässig sein, wenn die Aussetzung nach den Umständen des Falles offenbar unbillig ist .... Soll die Möglichkeit, gegen den Kriegsteilnehmer vorzugehen, praktische Bedeutung erlangen, so muß zugleich dafür gesorgt werden, daß der Kriegsteilnehmer, wenn er nicht schon einen Vertreter hat, im Rechtsstreit einen Vertreter erhält, der seine Interessen wahrnimmt. Ohne eine Vertretung des Kriegsteilnehmers würde das Verfahren nach § 2 des Gesetzes vom 4. August 1914 ohne weiteres unterbrochen und damit die Durchführung von Ansprüchen praktisch ausgeschlossen sein.

6. Bekanntmachung über die Gegenseitigkeit im Verhältnis zu Österreich-Ungarn hinsichtlich der Kriegsbeteiligten.

Vom 4. Februar 1915 (RGBl. S. 70).

Auf Grund des § 2 der Verordnung des Bundesrats über die Ausdehnung des Gesetzes, betreffend den Schutz der infolge des Krieges an Wahrnehmung ihrer Rechte behinderten Personen, vom 4. August 1914 (RGBl. S. 328) auf Kriegsbeteiligte Österreich-Ungarns vom 22. Oktober 1914 (RGBl. S. 450) wird hierdurch bekannt gemacht, daß durch gesetzliche Verordnungen der Regierungen Österreich-Ungarns die Gegenseitigkeit im Sinne jener Vorschrift verbürgt ist.

7. Bekanntmachung über die freiwillige Gerichtsbarkeit in Heer und Marine.

Vom 14. Januar 1915 (RGBl. S. 18).

§ 1. Die §§ 1 bis 4, 6, 7 des Gesetzes*), betreffend die freiwillige Gerichtsbarkeit und andere Rechtsangelegenheiten in Heer und Marine, vom 28. Mai 1901 (Reichs-Gesetzbl. S. 185) finden auf die Kaiserliche Marine entsprechende Anwendung.

Die Vorschriften des § 184 des Gesetzes über die Angelegenheiten der freiwilligen Gerichtsbarkeit vom 17 Mai 1898 (Reichs-Gesetzbl. S. 771) und des § 5 des Gesetzes, betreffend die freiwillige Gerichtsbarkeit und andere Rechtsangelegenheiten in Heer und Marine, vom 28. Mai 1901 (Reichs-Gesetzbl. S. 185) bleiben unberührt.

§ 2. Der § 44 des Reichsmilitärgesetzes**) findet auf die Kaiserliche Marine auch außer den Fällen des Artikel 44 des Einführungsgesetzes zum Bürgerlichen Gesetzbuch vom 18. August 1896 (Reichs-Gesetzbl. S. 604) entsprechende Anwendung.

Für die Personen, die sich an Bord eines Schiffes oder Fahrzeugs der Kaiserlichen Marine befinden, beginnt die Befugnis, privilegierte militärische letztwillige Verfügungen zu errichten mit

---

*) Das ist fast das ganze Gesetz, dessen Vorschriften, soweit sie nicht schon auf die Marine anzuwenden waren, jetzt für sie gelten sollen — also die Bestimmungen über Zuständigkeit im Felde, Verfahren, Beschwerden, Sicherung des Nachlasses.

**) Bezieht sich auf die Erleichterung letztwilliger Verordnungen (Soldatentestament).

der Einschiffung; die Frist, mit deren Ablauf die Verfügungen ihre Gültigkeit verlieren, beginnt mit der Ausschiffung.

§ 3. Für die öffentliche Beglaubigung der Unterschrift einer der im § 1 Nr. 1, 6, 7, 8 der Militärstrafgerichtsordnung vom 1. Dezember 1898 bezeichneten Personen sind im Felde außer den Kriegsgerichtsräten und den Oberkriegsgerichtsräten (§ 1 des Gesetzes, betreffend die freiwillige Gerichtsbarkeit und andere Rechtsangelegenheiten in Heer und Marine) auch die militärischen Disziplinarvorgesetzten oder die vorgesetzten Beamten sowie die Gerichtsoffiziere zuständig.

§ 4. Für die öffentliche Beglaubigung einer Unterschrift gemäß § 3 dieser Verordnung gelten die Vorschriften des § 183 des Gesetzes über die Angelegenheiten der freiwilligen Gerichtsbarkeit entsprechend; die Gültigkeit der im Felde erfolgten öffentlichen Beglaubigung einer Unterschrift wird nicht berührt, wenn der Beglaubigungsvermerk den Vorschriften des § 183 Abs. 2 des Gesetzes nicht entspricht.

§ 5. Für die öffentliche Beglaubigung einer Unterschrift im Felde dürfen Stempelabgaben nicht erhoben werden.

§ 6. Diese Verordnung tritt mit dem Tage ihrer Verkündung in Kraft. Den Zeitpunkt des Außerkrafttretens bestimmt der Reichskanzler.

Ist eine Urkunde nach dem 1. August 1914 von einem Beamten oder einem Offizier aufgenommen worden, der nach den Vorschriften dieser Verordnung hierzu befugt gewesen wäre, so gilt sie als von einem zuständigen Beamten oder Offizier im Felde aufgenommen.

Der § 2 dieser Verordnung gilt für alle nach dem 1. August 1914 errichteten letztwilligen Verfügungen, bei deren Errichtung seine Voraussetzungen vorlagen.

Der § 4 dieser Verordnung gilt für alle nach dem 1. August 1914 im Felde erfolgten öffentlichen Beglaubigungen von Unterschriften.

8. Bekanntmachung über das Kündigungsrecht der Hinterbliebenen von Kriegsteilnehmern.

Vom 7. Oktober 1915 (RGBl. S. 642).

§ 1. Auf eine Vereinbarung, durch die für den Fall, daß der Mieter stirbt, das Kündigungsrecht des Erben abweichend von den Vorschriften im § 569 des Bürgerlichen Gesetzbuchs*) geregelt ist, kann sich der Vermieter nicht berufen, wenn der Mieter infolge seiner Teilnahme am Kriege gestorben ist.

§ 2. Haben Eheleute gemeinschaftlich gemietet, und stirbt der Ehemann infolge seiner Teilnahme am Kriege, so ist die Ehefrau berechtigt, das Mietverhältnis unter Einhaltung der gesetzlichen Frist für den ersten zulässigen Termin zu kündigen. Auf eine abweichende Vereinbarung kann sich der Vermieter nicht berufen.

§ 3. Gegen eine Kündigung, die auf Grund des § 1 oder des § 2 erfolgt, kann der Vermieter binnen einer Woche bei dem Amtsgericht, in dessen Bezirke sich die Mietsache befindet, Widerspruch erheben. Das Gericht hat Abschrift des Widerspruchs dem Gegner zur Erklärung mitzuteilen.

Das Gericht entscheidet darüber, ob trotz des Widerspruchs die Kündigung wirksam ist. Die Kündigung ist für unwirksam zu erklären, wenn nicht die Fortsetzung des Mietverhältnisses zu einem unverhältnismäßigen Nachteil für den Erben oder die Ehefrau führen würde. Bei dieser Entscheidung sind die beiderseits geltend gemachten Umstände in billiger Weise gegeneinander abzuwägen. Die tatsächlichen Behauptungen sind glaubhaft zu machen.

---

*) § 569 BGB. Stirbt der Mieter, so ist sowohl der Erbe als der Vermieter berechtigt, das Mietverhältnis unter Einhaltung der gesetzlichen Frist zu kündigen. Die Kündigung kann nur für den ersten Termin erfolgen, für den sie zulässig ist.

Die Entscheidung, die ohne mündliche Verhandlung ergehen kann, erfolgt durch Beschluß. Gegen den Beschluß findet sofortige Beschwerde statt.

Die Gerichts- und Anwaltsgebühren betragen zwei Zehnteile des Satzes des § 8 des Gerichtskostengesetzes und des § 9 der Gebührenordnung für Rechtsanwälte.

§ 4. Diese Verordnung tritt mit dem Tage der Verkündung in Kraft. Sie findet auch Anwendung, wenn der Tod des Mieters vor diesem Tage eingetreten war; die Kündigung kann für den ersten zulässigen Termin nach dem Inkrafttreten erfolgen.

Den Zeitpunkt des Außerkrafttretens der Verordnung bestimmt der Reichskanzler.

9. Bekanntmachung über die Regelung der Kriegswohlfahrtspflege.

Vom 22. Juli 1915 (RGBl. S. 449)*).

§ 1. Wer zugunsten von Kriegswohlfahrtszwecken eine öffentliche Sammlung, eine öffentliche Unterhaltung oder Belehrung oder einen öffentlichen Vertrieb von Gegenständen veranstalten will, bedarf zu der Veranstaltung der Erlaubnis der Landeszentralbehörde des Bundesstaats, in dessen Gebiet die Veranstaltung stattfinden soll; die Landeszentralbehörde kann diese Befugnis auf andere Stellen übertragen. Bevor die Erlaubnis erteilt ist, darf die Veranstaltung nicht öffentlich angekündigt werden.

Die Erlaubnis gilt nur innerhalb des Bundesstaats, für den sie erteilt ist; für Ankündigungen in Zeitungen oder Zeitschriften

---

*) Diese Verordnung ist — vgl. Denkschrift über wirtschaftliche Maßnahmen aus Anlaß des Krieges, Reichst.Drucks. 13. Leg.-Per. II. Sess. 1914/15 Nr. 107 — erlassen worden, um der Zersplitterung und dem unübersichtlichen Nebeneinander und Durcheinander von Wohltätigkeitsveranstaltungen entgegenzuarbeiten und die Prüfung der einzelnen Sammlungen und Unternehmungen auf ihre Berechtigung und Zweckmäßigkeit sicherzustellen.

genügt es, wenn die Veranstaltung von der zuständigen Stelle des Ortes erlaubt ist, an dem die Zeitung oder Zeitschrift erscheint.

§ 2. Vorstehende Vorschriften finden keine Anwendung auf Veranstaltungen zur Unterhaltung und Belehrung, die beim Inkrafttreten dieser Verordnung bereits öffentlich angekündigt sind und innerhalb vier Wochen nach dem Inkrafttreten der Verordnung stattfinden.

Für bereits begonnene Sammlungen und Vertriebe ist die Erlaubnis binnen vier Wochen nach dem Inkrafttreten dieser Verordnung beizubringen, widrigenfalls sie eingestellt werden müssen.

§ 3. Mit Geldstrafe bis zu fünfzehnhundert Mark oder mit Gefängnis bis zu drei Monaten wird bestraft:

1. wer ohne die erforderliche Erlaubnis eine Unternehmung der im § 1 bezeichneten Art veranstaltet;
2. wer als Angestellter oder Beauftragter an einer nicht erlaubten Veranstaltung der im § 1 bezeichneten Art mitwirkt;
3. wer als Veranstalter oder als Angestellter oder Beauftragter die erwirkte Erlaubnis überschreitet oder den in der Erlaubnis festgesetzten Bedingungen zuwiderhandelt;
4. wer eine Veranstaltung der im § 1 bezeichneten Art öffentlich ankündigt, bevor die erforderliche Erlaubnis erteilt ist.

Der Ertrag aus nicht erlaubten Veranstaltungen (§ 1) kann ganz oder teilweise für dem Staate verfallen erklärt werden; der für verfallen erklärte Betrag ist nach den Bestimmungen der Landeszentralbehörde für Kriegswohlfahrtszwecke zu verwenden.

§ 4. Wird eine der im § 3 mit Strafe bedrohten Handlungen durch die Presse begangen, so können die im § 21 des Gesetzes über die Presse vom 7. Mai 1874 (Reichs-Gesetzbl. S. 65) bezeichneten Personen nur verantwortlich gemacht werden, wenn sie selbst Veranstalter sind.

§ 5. Die Landeszentralbehörden erlassen die erforderlichen Ausführungsbestimmungen.

§ 6. Die Verordnung tritt am 1. August 1915 in Kraft. Den Zeitpunkt des Außerkrafttretens bestimmt der Reichskanzler.

II.
Gerichtsverfahren
(einschl. Registersachen).

1. Bekanntmachung über die Zwangsverwaltung von Grundstücken.

Vom 22. April 1915 (Reichs-Gesetzbl. S. 233)*).

§ 1. Bei der Einleitung der Zwangsverwaltung eines Grundstücks ist der Schuldner zum Verwalter zu bestellen, wenn er bereit ist, die Verwaltung zu übernehmen, und wenn anzunehmen ist, daß er sie ordnungsmäßig führen wird. Zur Beaufsichtigung seiner Geschäftsführung hat das Gericht eine Aufsichtsperson zu bestellen, die für ihre Tätigkeit keine Vergütung erhält; Aufsichtsperson kann auch der Gläubiger, eine Behörde oder ein Einigungsamt sein. Findet sich keine geeignete Aufsichtsperson,

*) Über die Bedeutung dieser Verordnung äußert sich die Denkschrift über wirtschaftliche Maßnahmen aus Anlaß des Krieges (Reichst.-Drucks., 13. Leg.-Per., II. Sess. 1914/15, Nr. 73 S. 3) folgendermaßen:

Die Nachteile, mit denen die Zwangsverwaltung eines Grundstücks für den Schuldner verbunden ist, werden unter den gegenwärtigen Verhältnissen vielfach zu so erheblichen Schädigungen, daß sie den wirtschaftlichen Zusammenbruch zur unmittelbaren Folge haben können. Von wesentlicher Bedeutung sind hierbei die hohen Kosten des Verfahrens. Diese sind zum großen Teil darauf zurückzuführen, daß die Zwangsverwalter auf Grund des § 153 des Gesetzes über die Zwangsversteigerung und die Zwangsverwaltung (Reichs-Gesetzbl. 1898 S. 713) für ihre Tätigkeit eine meist erhebliche Vergütung erhalten und nicht immer in der Lage sind, bei der Führung der Verwaltung die nötige Sparsamkeit zu üben. Die sich hieraus ergebenden Unzuträglichkeiten haben sich nicht nur bei den Grundbesitzern, sondern auch in den Kreisen der Hypothekengläubiger fühlbar gemacht. Die Klagen hierüber sind um so lebhafter hervorgetreten, als die Zwangsverwaltung heute infolge der tatsächlichen und rechtlichen Hindernisse, die der Versteigerung eines Grundstücks entgegenstehen, erhöhte Bedeutung gewonnen hat.

die zur Übernahme der Aufsicht ohne Vergütung bereit ist, so ist von der Bestellung des Schuldners zum Verwalter abzusehen.

Die Vorschrift des Abs. 1 gilt entsprechend für den gesetzlichen Vertreter des Schuldners und, wenn der Schuldner ein Kriegsteilnehmer ist (§ 2 des Gesetzes vom 4. August 1914, Reichs-Gesetzbl. S. 328), für den von ihm zur Wahrnehmung seiner Rechte bestellten Vertreter.

§ 2. Für die Aufsichtsperson gelten der § 81 Abs. 2, die §§ 82, 83, der § 84 Abs. 1 Satz 1 und Abs. 2 der Konkursordnung entsprechend. Gerichtliche Anordnungen, die dem Verwalter zugestellt werden, sind auch der Aufsichtsperson zuzustellen. Sie hat dem Gericht unverzüglich Anzeige zu erstatten, wenn der Schuldner die Verwaltung nicht ordnungsmäßig führt.

Der Schuldner ist verpflichtet, der Aufsichtsperson Einsicht in seine das Grundstück betreffenden Bücher und Aufzeichnungen zu gewähren und Auskunft über das Grundstück zu geben.

Der Schuldner kann — unbeschadet der Vorschriften der §§ 155 bis 158 des Gesetzes über die Zwangsversteigerung und die Zwangsverwaltung (Reichs-Gesetzbl. 1898 S. 713) — über die Nutzungen des Grundstücks nur mit Zustimmung der Aufsichtsperson verfügen. Zur Einziehung von Ansprüchen, auf die sich die Beschlagnahme erstreckt, ist der Schuldner ohne diese Zustimmung befugt: er ist jedoch verpflichtet, die Beträge, die zu den erforderlichen Zahlungen zur Zeit nicht notwendig sind, alsbald an die Aufsichtsperson abzuführen, die sie nach näherer Anordnung des Gerichts verzinslich anzulegen hat.

§ 3. Gehört zu den Beteiligten eine unter staatlicher Aufsicht stehende Anstalt und wird der Schuldner oder sein Vertreter nicht zum Verwalter bestellt (§ 1), so kann die Anstalt innerhalb einer ihr vom Gerichte zu bestimmenden Frist eine in ihrem Dienste befindliche Person als Verwalter vorschlagen.

Das Gericht hat den Vorgeschlagenen zum Verwalter zu bestellen, sofern er nicht dazu ungeeignet ist; er erhält für seine Tätigkeit keine Vergütung.

§ 4. Wird ein Verwalter weder nach § 1 noch nach § 3 bestellt, so ist der Gläubiger zu bestellen, falls er sich erbietet, die Verwaltung ohne Vergütung zu übernehmen, und anzunehmen ist, daß er sie ordnungsmäßig führen wird.

§ 5. Ist die Zwangsverwaltung angeordnet, weil der Schuldner infolge des Krieges außerstande ist, die aus dem Grundstück zu befriedigenden Ansprüche zu erfüllen, so dürfen für die Anordnung und das Verfahren Gebühren nicht erhoben werden.

Einem Verwalter, der auf Grund der §§ 1, 3 oder 4 bestellt ist, darf das Gericht die Leistung einer Sicherheit nicht auferlegen.

§ 6. Diese Verordnung tritt mit dem Tage der Verkündung in Kraft. Den Zeitpunkt des Außerkrafttretens bestimmt der Reichskanzler.

In den zur Zeit des Inkrafttretens der Verordnung bereits angeordneten Zwangsverwaltungen kann das Gericht an Stelle des bisherigen Verwalters nach Maßgabe der §§ 1, 3 oder 4 einen anderen Verwalter bestllen; geschieht dies, so sind von dieser Zeit an die Vorschriften dieser Verordnung anzuwenden.

De: § 5 Abs. 1 gilt auch für die zur Zeit des Inkrafttretens der Verordnung angeordneten Zwangsverwaltungen; bereits erhobene Gebühren werden nicht zurückgezahlt.

2. Bekanntmachung über den dinglichen Rang öffentlicher Lasten.

Vom 22. April 1915 (RGBl. S. 235).

§ 1. Die Ansprüche auf Entrichtung von öffentlichen Lasten eines Grundstücks, die nicht in wiederkehrenden Leistungen bestehen, gewähren bis auf weiteres ein Recht auf Befriedigung im Range der dritten Klasse des § 10 Nr. 3 des Gesetzes über die Zwangsversteigerung und die Zwangsverwaltung, soweit sie am 1. Januar 1915 noch nicht zwei Jahre rückstandig waren.

§ 2. Diese Verordnung tritt mit dem Tage der Verkündung in Kraft.

Sie tritt mit Beendigung des Kriegszustandes außer Kraft. Den Zeitpunkt, mit dem der Kriegszustand als beendet anzusehen ist, bestimmt der Bundesrat. Ist in einem Zwangsversteigerungsverfahren die Beschlagnahme des Grundstücks vor diesem Zeitpunkt erfolgt, so bleiben für dieses Verfahren die Vorschriften des § 1 in Geltung.

3. Bekanntmachung über die Einschränkung der Pfändbarkeit von Lohn-, Gehalts- und ähnlichen Ansprüchen.*)

Vom 17. Mai 1915 (RGBl. S. 285).

§ 1. An die Stelle der im § 850 Abs. 2, 3 der Zivilprozeßordnung und im § 4 Nr. 4 des Gesetzes vom 21. Juni 1869 (Bundes-Gesetzbl. 1869 S. 242 und 1871 S. 63, Reichs-Gesetzbl. 1897 S. 159, 1898 S. 332)*) vorgesehenen Summe von eintausendfünfhundert Mark tritt bis auf weiteres die Summe von zweitausend Mark.

§ 2. Diese Verordnung tritt mit dem Tage der Verkündung in Kraft. Den Zeitpunkt des Außerkrafttretens bestimmt der Reichskanzler.

Ist ein Anspruch der im § 850 Abs. 1, Nr. 1, 7, 8, Abs. 3 der Zivilprozeßordnung bezeichneten Art vor dem Inkrafttreten dieser Verordnung gepfändet, so verliert die Pfändung hinsichtlich später fällig werdender Bezüge ihre Wirksamkeit, soweit sie

*) Nach den im § 1 dieser Bekanntmachung angezogenen Gesetzesparagraphen handelt es sich außer um Lohn- und Gehaltsansprüche noch um Witwen- und Waisenpensionen, Erziehungsgelder, Pensionen invalider Arbeiter Diensteinkommen der Offiziere, Militärärzte, Beamten, Geistlichen Ärzte und Lehrer an öffentlichen Anstalten sowie die Pensionen dieser Personen und das den Hinterbliebenen zu gewährende Sterbe- und Gnadengehalt; ferner um die nach § 843 BGB. wegen Körperverletzung zu entrichtende Geldrente.

bei Anwendung des § 1 unzulässig sein würde. Dies gilt entsprechend für eine vor dem Inkrafttreten der Verordnung erfolgte Aufrechnung, Abtretung oder Verpfändung.

4. Bekanntmachung über Zulassung von Strafbefehlen bei Vergehen gegen Vorschriften über wirtschaftliche Maßnahmen.

Vom 4. Juni 1915 (RGBl. S. 325).

Ersetzt und erweitert durch die Verordnung vom 7. Oktober 1915 (unten Nr. 6).

5. Bekanntmachung zur Entlastung der Gerichte.

Vom 9. September 1915 (RGBl. S. 562).*)

Mahnverfahren vor den Landgerichten.

§ 1. Wird im Verfahren vor den Landgerichten eine Klageschrift eingereicht, in der lediglich ein im Mahnverfahren verfolgbarer Anspruch geltend gemacht wird, so soll der Vorsitzende binnen vierundzwanzig Stunden zunächst einen bedingten Zahlungsbefehl erlassen. Von dem Erlasse des Zahlungsbefehls soll abgesehen werden, wenn der Kläger glaubhaft macht, daß der Beklagte den Anspruch bestreiten und sich auf die Klage einlassen werde.

Der Klage soll eine Berechnung der Kosten beigefügt werden, deren Erstattung der Kläger verlangt.

§ 2. Entspricht die Klageschrift nicht den Vorschriften des § 253 Abs. 2 der Zivilprozeßordnung oder ergibt sich aus ihrem Inhalt, daß die Klage oder der Kostenanspruch ganz oder teilweise nicht begründet ist, so soll von dem Zahlungsbefehl abge-

---

*) Von Reichsgerichtsrat Busch erläuterte Ausgabe dieser Verordnung im Nachtrage zu Textausgabe der Zivilprozeßordnung (Guttentagsche Sammlung deutscher Reichsgesetze Nr. 11). Berlin 1915. (Preis 60 Pf.)

sehen werden. Vor der Terminsbestimmung soll der Kläger gehört werden.

§ 3. Der Zahlungsbefehl enthält den Befehl an den Beklagten, binnen einer vom Vorsitzenden zu bestimmenden Frist, die vom Tage der Zustellung läuft, bei Vermeidung sofortiger Zwangsvollstreckung den Kläger wegen des Anspruchs nebst den dem Betrage nach zu bezeichnenden Kosten des Verfahrens und den geforderten Zinsen zu befriedigen, oder, wenn er Einwendungen gegen den Anspruch habe, bei dem Gerichte Widerspruch zu erheben. Die Frist ist den Vorschriften über die Einlassungsfrist entsprechend zu bemessen.

Der Zahlungsbefehl muß den Hinweis enthalten, daß der Widerspruch nur durch einen bei dem Gerichte zugelassenen Rechtsanwalt erfolgen kann.

Der Zahlungsbefehl wird auf die Urschrift der Klage oder ein damit zu verbindendes Blatt gesetzt. Im letzteren Falle findet die Vorschrift des § 313 Abs. 3 Satz 6 der Zivilprozeßordnung entsprechende Anwendung.

§ 4. Auf die Zustellung einer mit dem Zahlungsbefehle versehenen Klage finden die Vorschriften über die Zustellung einer Klageschrift entsprechende Anwendung. Die Zustellung hat die Wirkungen, die mit der Zustellung einer mit der Terminsbestimmung versehenen Klage verbunden sind.

§ 5. Der Beklagte kann gegen den Anspruch oder einen Teil des Anspruchs Widerspruch erheben, solange der Vollstreckungsbefehl nicht verfügt ist. Der Widerspruch wird durch Einreichung eines Schriftsatzes erhoben. Der Gerichtsschreiber hat dem Beklagten auf Verlangen eine Bescheinigung darüber zu erteilen, daß er rechtzeitig Widerspruch erhoben habe.

Die Vorschriften des § 2 und des § 5 Abs. 2 der Verordnung über die gerichtliche Bewilligung von Zahlungsfristen (Reichs-Gesetzbl. 1915 S. 290)*) finden entsprechende Anwendung.

Einer Zurückweisung des nicht rechtzeitig erhobenen Widerspruchs bedarf es nicht.

*) Siehe unten Seite 85.

§ 6. Durch die rechtzeitige Erhebung des Widerspruchs gegen den Anspruch oder einen Teil des Anspruchs verliert der Zahlungsbefehl seine Kraft. Die Wirkungen der Rechtshängigkeit bleiben bestehen.

§ 7. Wird rechtzeitig Widerspruch erhoben, so bestimmt der Vorsitzende von Amts wegen Termin zur mündlichen Verhandlung. Die Parteien sind von Amts wegen zu laden; die Ladungsfrist beträgt mindestens drei Tage.

§ 8. Der Zahlungsbefehl ist nach Ablauf der darin bestimmten Frist auf schriftlichen Antrag des Klägers für vorläufig vollstreckbar zu erklären, sofern nicht vor der Vollstreckbarkeitserklärung von dem Beklagten Widerspruch erhoben ist. Die Vollstreckbarkeitserklärung wird von dem Gerichtsschreiber verfügt. In den Vollstreckungsbefehl sind die von dem Kläger zu berechnenden Kosten des bisherigen Verfahrens aufzunehmen.

Will der Gerichtsschreiber dem Antrag nicht entsprechen, so hat er das Gesuch nach Anhörung des Klägers dem Gerichte zur Entscheidung vorzulegen. Gegen den Beschluß des Gerichts, durch welchen der Antrag zurückgewiesen wird, findet sofortige Beschwerde statt.

Der Vollstreckungsbefehl wird auf die mit dem Zahlungsbefehle versehene Klage oder auf ein damit zu verbindendes Blatt gesetzt. Im letzteren Falle findet die Vorschrift des § 313 Abs. 3 Satz 6 der Zivilprozeßordnung entsprechende Anwendung.

§ 9. Der Vollstreckungsbefehl steht einem für vorläufig vollstreckbar erklärten, auf Versäumnis erlassenen Endurteile gleich. Gegen den Vollstreckungsbefehl findet der Einspruch nach den Vorschriften der §§ 339 bis 346 der Zivilprozeßordnung statt.

§ 10. In den Fällen der §§ 1 bis 3 findet eine Anfechtung der Entscheidung des Vorsitzenden nicht statt.

§ 11. Für den Urkunden- und Wechselprozeß gelten die folgenden besonderen Vorschriften:

1. Die Urkunden sollen in Urschrift oder in Abschrift der Klage beigefügt und in Abschrift mit der Klage zugestellt werden.

2. Bei Erlaß des Zahlungsbefehls (§ 1) und des Vollstreckungsbefehls (§ 8) bedarf die Statthaftigkeit der gewählten Prozeßart keiner Prüfung.
3. Beschränkt sich der Widerspruch auf den Antrag, dem Beklagten die Ausführung seiner Rechte vorzubehalten, so ist der Vollstreckungsbefehl (§ 8) unter diesem Vorbehalte zu erlassen. Auf das weitere Verfahren findet die Vorschrift des § 600 der Zivilprozeßordnung entsprechende Anwendung.
4. Die Ladungsfrist (§ 7) beträgt mindestens vierundzwanzig Stunden.

§ 12. Im Verfahren vor den Landgerichten werden für den Erlaß eines Zahlungsbefehls (§ 1) zwei Zehntel der vollen Gebühr (§ 8 des Gerichtskostengesetzes) erhoben. Die Gebühr wird auf spätere Gebühren des Rechtsstreits angerechnet. Die Entscheidung über den Antrag auf Erlaß des Vollstreckungsbefehls (§ 8) gilt im Sinne des Gerichtskostengesetzes als Entscheidung über den Antrag auf Erlaß des Versäumnisurteils.

Im Verfahren vor den Landgerichten gilt der Antrag auf Erlaß des Vollstreckungsbefehls (§ 8) im Sinne der Gebührenordnung für Rechtsanwälte als ein in nicht kontradiktorischer Verhandlung gestellter Antrag auf Erlaß des Versäumnisurteils.

Mahnverfahren vor den Amtsgerichten.

§ 13. Ein Anspruch, der zur Zuständigkeit der Amtsgerichte gehört, soll unbeschadet der §§ 500, 510 c der Zivilprozeßordnung im Mahnverfahren geltend gemacht werden, wenn es gemäß § 688 der Zivilprozeßordnung zulässig ist.

§ 14. Wird bei dem Amtsgerichte der Vorschrift des § 13 zuwider eine Klage angebracht, die lediglich auf einen im Mahnverfahren verfolgbaren Anspruch gerichtet ist, so gilt sie als Gesuch um Erlaß des Zahlungsbefehls, es sei denn, daß der Kläger glaubhaft macht, der Beklagte werde den Anspruch bestreiten und sich auf die Klage einlassen.

Der Klage soll eine Berechnung der Kosten beigefügt werden, deren Erstattung der Kläger verlangt.

Der Zahlungsbefehl wird auf die Urschrift der Klage oder ein damit zu verbindendes Blatt gesetzt. Im letzteren Falle findet die Vorschrift des § 313 Abs. 3 Satz 6 der Zivilprozeßordnung entsprechende Anwendung. Der Zahlungsbefehl braucht die im § 690 Nr. 1 bis 3 der Zivilprozeßordnung bezeichneten Erfordernisse des Gesuchs nicht zu enthalten.

Die Zustellung einer mit dem Zahlungsbefehle versehenen Klage hat die Wirkungen, die mit der Zustellung eines Zahlungsbefehls verbunden sind.

An die Stelle der Zurückweisung des Gesuchs (§ 691 der Zivilprozeßordnung) tritt die Anberaumung eines Termins zur mündlichen Verhandlung.

§ 15. Der Zahlungsbefehl wird als Urkunden- oder als Wechsel-Zahlungsbefehl bezeichnet:

1. wenn das Gesuch des Gläubigers auf den Erlaß eines Urkunden- oder eines Wechsel-Zahlungsbefehls gerichtet ist;
2. wenn im Falle des § 14 Abs. 1 die Klage die Erklärung enthält, daß im Urkunden- oder Wechselprozesse geklagt werde.

§ 16. Für das Urkunden- und Wechsel-Mahnverfahren gelten folgende besonderen Vorschriften:

1. Die Bezeichnung als Urkunden- oder als Wechsel-Zahlungsbefehl hat die Wirkung, daß die Klage, wenn rechtzeitig Widerspruch erhoben wird, als im Urkunden- oder im Wechselprozeß erhoben anzusehen ist.
2. Die Frist für den Widerspruch wird vom Gericht in dem Zahlungsbefehle bestimmt; sie ist den Vorschriften über die Einlassungsfrist entsprechend zu bemessen.
3. Die Urkunden sollen in Urschrift oder in Abschrift dem Gesuch um Erlaß des Zahlungsbefehls (§ 15 Nr. 1) oder der Klage § (15 Nr. 2) beigefügt und in Abschrift mit dem Zahlungsbefehle zugestellt werden.
4. Bei Erlaß des Zahlungsbefehls und des Vollstreckungsbefehls bedarf die Statthaftigkeit der gewählten Prozeßart keiner Prüfung.

5. Beschränkt sich der Widerspruch auf den Antrag, dem Beklagten die Ausführung seiner Rechte vorzubehalten, so ist der Vollstreckungsbefehl unter diesem Vorbehalte zu erlassen. Auf das weitere Verfahren findet die Vorschrift des § 600 der Zivilprozeßordnung entsprechende Anwendung.
6. Die Ladungsfrist beträgt mindestens drei Tage; soweit die Einlassungsfrist kürzer ist, entspricht sie dieser.

§ 17. Im Mahnverfahren erhält der Rechtsanwalt:

1. die Sätze des § 9 der Gebührenordnung für Rechtsanwälte für die Erwirkung des Zahlungsbefehls, einschließlich der Mitteilung des Widerspruchs an den Auftraggeber;
2. zwei Zehntel der Sätze des § 9 für die Erhebung des Widerspruchs;
3. fünf Zehntel der Sätze des § 9 für die Erwirkung des Vollstreckungsbefehls.

Die Gebühren in Nr. 1 und 2 werden auf die in dem nachfolgenden Rechtsstreit zustehende Prozeßgebühr voll angerechnet.

Im Urkunden- oder Wechsel-Mahnverfahren (§§ 15, 16) erhält der Rechtsanwalt nur sechs Zehntel der Gebühren in Nr. 1 bis 3.

Sühneversuch und Verfahren in geringfügigen Sachen.

§ 18. Im Verfahren vor den Amtsgerichten soll das Gericht, wenn im Termine beide Parteien erscheinen, vor Eintritt in die mündliche Verhandlung die Sühne versuchen.

§ 19. Die Vorschrift des § 91 Abs. 2 der Zivilprozeßordnung findet keine Anwendung:

1. im Verfahren vor den Amtsgerichten, wenn der Wert des Streitgegenstandes (§§ 3 bis 9 der Zivilprozeßordnung) nicht mehr als fünfzig Mark beträgt;
2. im Verfahren auf erhobene Privatklage.

§ 20. In Rechtsstreitigkeiten über vermögensrechtliche Ansprüche ist die Zulässigkeit der Berufung durch einen den Betrag von fünfzig Mark übersteigenden Wert des Beschwerdegegenstandes bedingt.

In betreff des Wertes des Beschwerdegegenstandes kommen die §§ 3 bis 9 der Zivilprozeßordnung zur Anwendung.

Der Berufungskläger hat diesen Wert glaubhaft zu machen; zur Versicherung an Eides Statt darf er nicht zugelassen werden.

In Rechtsstreitigkeiten über Ansprüche, für welche die Landgerichte ohne Rücksicht auf den Wert des Streitgegenstandes ausschließlich zuständig sind, findet gegen die in erster Instanz erlassenen Endurteile der Landgerichte die Berufung ohne Rücksicht auf den Wert des Beschwerdegegenstandes statt.

§ 21. In den Fällen der §§ 3, 4 der Verordnung über die gerichtliche Bewilligung von Zahlungsfristen (Reichs-Gesetzbl. 1915 S. 290)*) ist die Zulässigkeit der sofortigen Beschwerde durch einen die Summe von fünfzig Mark übersteigenden Betrag der Forderung bedingt.

§ 22. Entscheidungen in betreff der Prozeßkosten unterliegen einer Beschwerde nur, wenn die Beschwerdesumme den Betrag von fünfzig Mark übersteigt.

Mündliche Verhandlung.

§ 23. Sind die Parteien durch Rechtsanwälte vertreten, so kann mit deren Einverständnis ohne mündliche Verhandlung entschieden werden, wenn das Gericht den Sach- und Streitstand auf Grund einer früheren mündlichen Verhandlung und nach dem Ergebnis einer etwaigen Beweisaufnahme für hinreichend geklärt erachtet. Die Verkündung der Entscheidung wird durch schriftliche Mitteilung ersetzt.

Diese Vorschriften finden in dem Verfahren vor den Oberlandesgerichten und vor dem Revisionsgerichte keine Anwendung.

Urteil.

§ 24. Die Darstellung des Tatbestandes kann durch eine Bezugnahme auf den Inhalt der vorbereitenden Schriftsätze und auf die zum Sitzungsprotokoll erfolgten Feststellungen ersetzt werden, soweit sie den Sach- und Streitstand richtig und vollständig wiedergeben.

---

*) Siehe unten Seite 85.

§ 25. Das Verzeichnis der verkündeten und unterschriebenen Urteile (§ 316 der Zivilprozeßordnung) fällt fort. Die im § 320 der Zivilprozeßordnung vorgesehene Frist beginnt mit der Zustellung des Urteils. Die Berichtigung des Tatbestandes ist ausgeschlossen, wenn sie nicht binnen drei Monaten seit der Verkündung des Urteils beantragt wird.

§ 26. Für die Ausfertigung landgerichtlicher Urteile findet die Vorschrift des § 496 Abs. 6 der Zivilprozeßordnung entsprechende Anwendung

Zuständigkeit.

§ 27. Die Vorschrift des § 505 der Zivilprozeßordnung findet im Verfahren vor den Landgerichten entsprechende Anwendung. Verweist das Landgericht einen Rechtsstreit an ein anderes Gericht, so bildet das weitere Verfahren vor dem anderen Gerichte mit dem Verfahren vor dem Landgericht im Sinne des § 28 des Gerichtskostengesetzes Eine Instanz.

Armenrecht.

§ 28. Soll von einem unehelichen Kinde ein Anspruch auf Unterhalt gegen seinen Vater geltend gemacht werden, so bedarf es zur Bewilligung des Armenrechts des im § 118 Abs. 2 der Zivilprozeßordnung vorgesehenen Zeugnisses nicht.

Schlußvorschriften.

§ 29. Diese Verordnung tritt am 1. Oktober 1915 in Kraft. Der Bundesrat bestimmt, wann und in welchem Umfange diese Verordnung außer Kraft tritt.

§ 30. Eine Frist, die zur Zeit des Inkrafttretens dieser Verordnung läuft, wird nach den bisherigen Vorschriften beendet.

§ 31. Die Zulässigkeit der Berufung und der Beschwerde gegen die vor dem Inkrafttreten dieser Verordnung verkündeten Entscheidungen richtet sich nach den bisherigen Vorschriften.

Das gleiche gilt für die Zulässigkeit der Beschwerde gegen andere Entscheidungen, die vor dem Inkrafttreten dieser Verordnung ergangen sind.

6. Bekanntmachung zur Entlastung der Strafgerichte.

Vom 7. Oktober 1915 (RGBl. S. 631).

§ 1. Bei Vergehen gegen Vorschriften, die auf Grund des § 3 des Gesetzes über die Ermächtigung des Bundesrats zu wirtschaftlichen Maßnahmen usw. vom 4. August 1914 (Reichs-Gesetzbl. S. 327) ergangen sind oder noch ergehen und keine schwerere Strafe als Gefängnis bis zu einem Jahre oder Geldstrafe, allein oder in Verbindung miteinander oder mit Nebenstrafen, androhen, kann die Strafe durch Strafbefehl des Amtsrichters festgesetzt werden.

Das gleiche gilt bei Vergehen, die nach § 9 Buchstabe b des preußischen Gesetzes über den Belagerungszustand vom 4. Juni 1851 (Preußische Gesetzsamml. S. 451) oder Artikel 4 Nr. 2 des bayerischen Gesetzes über den Kriegszustand vom 5. November 1912 (Bayerisches Gesetz- und Verordnungsblatt S. 1161) strafbar sind.

§ 2. Sachen, in denen gemäß § 1 der Antrag auf Erlaß des Strafbefehls gestellt ist, gelten als zur Zuständigkeit der Schöffengerichte gehörig. Auf das Verfahren finden die §§ 447 bis 452 der Strafprozeßordnung mit der Maßgabe Anwendung, daß der Antrag auf Erlaß des Strafbefehls von dem Staatsanwalte zu stellen ist.

§ 3. Der Staatsanwalt kann für Vergehen, die zur Zuständigkeit der Strafkammern gehören, vorbehaltlich der Vorschrift im § 74 des Gerichtsverfassungsgesetzes, die Zuständigkeit des Schöffengerichts dadurch begründen, daß er bei Einreichung der Anklageschrift die Eröffnung des Hauptverfahrens vor dem Schöffengerichte beantragt. Die Anklageschrift ist bei dem Amtsrichter, wenn Voruntersuchung geführt war, bei dem Landgericht einzureichen.

Die Eröffnung des Hauptverfahrens vor dem Schöffengerichte soll nur dann beantragt werden, wenn keine schwerere Strafe als Gefängnis von sechs Monaten oder Geldstrafe von eintausendfünfhundert Mark, allein oder in Verbindung miteinander oder mit Nebenstrafen, und keine höhere Buße als eintausendfünfhundert Mark zu erwarten ist.

Erhebt bei Vergehen gegen die Vorschriften über die Erhebung öffentlicher Abgaben und Gefälle die Verwaltungsbehörde die öffentliche Klage, so kann sie die Zuständigkeit des Schöffengerichts in gleicher Weise begründen wie der Staatsanwalt.

§ 4. Diese Verordnung tritt mit dem 11. Oktober 1915 in Kraft; sie tritt an die Stelle der Verordnung über Zulassung von Strafbefehlen bei Vergehen gegen Vorschriften über wirtschaftliche Maßnahmen vom 4. Juni 1915 (Reichs-Gesetzbl. S. 325).*) Der Bundesrat bestimmt, wann und in welchem Umfang sie außer Kraft tritt.

Während der Geltungsdauer des § 3 sind Anträge auf Überweisung nach § 75 des Gerichtsverfassungsgesetzes nicht zulässig.

7. Bekanntmachung über die Verjährungsfristen.

Vom 4. November 1915 (RGBl. S. 732).

Die in den §§ 196, 197 des Bürgerlichen Gesetzbuchs bezeichneten Ansprüche, die zur Zeit des Inkrafttretens der Verordnung über die Verjährungsfristen vom 22. Dezember 1914 (Reichs-Gesetzbl. S. 543)**) noch nicht verjährt waren, verjähren nicht vor dem Schlusse des Jahres 1916. Dies gilt auch insoweit, als für die Ansprüche die Verjährungsfrist durch andere reichsgesetzliche Vorschriften als die der §§ 196, 197 des Bürgerlichen Gesetzbuchs geregelt ist.

8. Verordnung über Verjährungsfristen des Seerechts.

Vom 9. Dezember 1915 (RGBl. S. 811).

Die in den §§ 901, 902 sowie im § 904 Abs. 2 des Handelsgesetzbuchs (in der Fassung des Gesetzes vom 7. Januar 1913,

---

*) oben Nr. 4 S. 21.

**) s. Kriegs-Zivil- und Finanzgesetze (Guttentagsche Sammlung deutscher Reichsgesetze Nr. 116) S. 61.

Reichs-Gesetzbl. S. 90) bezeichneten Ansprüche, die noch nicht verjährt sind, verjähren nicht vor dem Schlusse des Jahres 1916.

Diese Vorschrift findet keine Anwendung bei den Entschädigungsforderungen aus einem Zusammenstoße von Schiffen oder aus einem unter § 738 des Handelsgesetzbuchs fallenden Ereignis sowie bei den Forderungen auf Berge- oder Hilfslohn.

9. Bekanntmachung, betreffend das Verfahren bei Zustellungen.

Vom 22. Dezember 1915 (RGBl. S. 833).

§ 1. Zustellungen an einen Rechtsanwalt, der als Unteroffizier oder Gemeiner dem aktiven Heere oder der aktiven Marine angehört, können außer auf dem im § 172 der Zivilprozeßordnung vorgeschriebenen Wege*) auch nach den sonstigen Vorschriften der Zivilprozeßordnung erfolgen.

Eine Zustellung, die vor dem Inkrafttreten dieser Verordnung, aber nach dem 31. Juli 1914 vorgenommen worden ist, gilt als wirksam erfolgt, wenn sie bei Anwendung des Abs. 1 wirksam sein würde.

§ 2. Ist im Falle des § 1 Abs. 2 durch die Zustellung eine Frist in Lauf gesetzt worden, gegen deren Versäumung nach gesetzlicher Vorschrift Wiedereinsetzung in den vorigen Stand erteilt werden kann, so ist auf Antrag die Wiedereinsetzung zu erteilen wenn nach freier Überzeugung des Gerichts die Einlegung eines Rechtsmittels oder eine sonstige Handlung im Vertrauen auf die Unwirksamkeit der Zustellung unterlassen worden ist.

Die Wiedereinsetzung muß innerhalb einer einmonatigen Frist, von dem Zeitpunkt des Inkrafttretens dieser Verordnung an gerechnet, beantragt werden.

§ 3. Ist im Falle des § 1 Abs. 2 vor dem Zeitpunkt des Inkrafttretens dieser Verordnung eine weitere Zustellung vorge-

*) An den Chef der zunächst vorgesetzten Kommandobehörde.

nommen worden, die nach den bisherigen Vorschriften wirksam ist, so gilt die Einlegung eines Rechtsmittels oder eine sonstige Handlung als nicht verspätet, wenn die vorgeschriebene Frist, von der weiteren Zustellung an gerechnet, eingehalten worden ist.

§ 4. Gehört ein Prozeßbevollmächtigter, der nicht Rechtsanwalt ist, dem aktiven Heere oder der aktiven Marine an, so hat das Prozeßgericht auf Antrag zu bewilligen, daß eine Zustellung, die nach §§ 176, 178 der Zivilprozeßordnung an ihn erfolgen müßte, an den Zustellungsbevollmächtigten, in Ermangelung eines solchen an den Gegner selbst erfolgen darf.

Die Entscheidung über den Antrag kann ohne mündliche Verhandlung erlassen werden. Eine Anfechtung der die Zustellung bewilligenden Entscheidung findet nicht statt.

§ 5. Die Verordnung tritt mit dem Tage der Verkündung in Kraft, den Zeitpunkt des Außerkrafttretens bestimmt der Reichskanzler.

10. Bekanntmachung, betreffend die Veröffentlichung der Handelsregistereintragungen usw.

Vom 11. Februar 1915 (RGBl. S. 71).

Der Bundesrat hat beschlossen, den Reichskanzler zu ermächtigen, bei Aktiengesellschaften und Gesellschaften mit beschränkter Haftung, die während des Krieges gegründet sind oder gegründet werden, auf Antrag über die Verpflichtung des Gerichts zur Veröffentlichung der Eintragungen im Handelsregister und der zu diesem eingereichten Schriftstücke, über die Einsicht des Registers und der Schriftstücke, über die Erteilung von Abschriften und Bescheinigungen sowie über die Verpflichtung des Vorstandes zur Veröffentlichung von Änderungen in den Personen der Mitglieder des Aufsichtsrats besondere Bestimmungen zu treffen.

11. Bekanntmachung über die Erneuerung vernichteter Standesregister.

Vom 25. November 1915 (RGBl. S. 779).

§ 1. Sind bei einem Standesamte die Haupt- und Nebenregister desselben Jahres vernichtet, so sind die Register neu anzulegen. Die Vorschriften des Gesetzes über die Beurkundung des Personenstandes und die Eheschließung vom 6. Februar 1875 (Reichs-Gesetzbl. S. 23) finden Anwendung, soweit sich nicht aus den folgenden besonderen Vorschriften Abweichungen ergeben.

§ 2. Die Geburten, Heiraten und Sterbefälle, die in den vernichteten Standesregistern eingetragen waren, werden nach amtlicher Ermittlung des Sachverhalts mit Genehmigung der Aufsichtsbehörde neu eingetragen.

Die Eintragungen erfolgen von Amts wegen. Wer ein berechtigtes Interesse glaubhaft macht, kann die Vornahme einer Eintragung beantragen.

§ 3. Die amtliche Ermittlung des Sachverhalts liegt dem Standesbeamten ob, der die vernichteten Standesregister geführt hat. Er ist befugt, die Vorlegung von Beweisstücken sowie tatsächliche Auskünfte zu verlangen, das persönliche Erscheinen der Auskunftspersonen anzuordnen und von ihnen eidesstattliche Versicherungen zu erfordern. Er kann zur Erfüllung der hierdurch begründeten Pflichten durch Geldstrafen anhalten, welche für jeden einzelnen Fall den Betrag von fünfzehn Mark nicht übersteigen dürfen. Er kann die Amtsgerichte um die Vernehmung und Beeidigung einer Person ersuchen, wenn nach seinem Ermessen eine Aufklärung des Sachverhalts auf anderem Wege nicht herbeizuführen ist.

§ 4. Der Reichskanzler erläßt die Bestimmungen zur Ausführung dieser Verordnung; er bestimmt die Form und den notwendigen Inhalt der Eintragungen.

III.
Finanz- und Münzwesen.

1. Gesetz, betreffend die Feststellung des Reichshaushaltsetats für das Rechnungsjahr 1915.

Vom 22. März 1915 (RGBl. S. 157).

§ 1. Der diesem Gesetz als Anlage*) beigefügte Reichshaushaltsetat für das Rechnungsjahr vom 1. April 1915 bis 31. März 1916 wird in Einnahme und Ausgabe auf 13 365 423 431 Mark festgestellt, und zwar:

im ordentlichen Etat
auf 3 323 081 431 Mark an Einnahmen,
auf 3 098 429 708 Mark an fortdauernden und
auf 224 651 723 Mark an einmaligen Ausgaben,

im außerordentlichen Etat
auf 10 042 342 000 Mark an Einnahmen und
auf 10 042 342 000 Mark an Ausgaben.

§ 2. Der Reichskanzler wird ermächtigt, zur Bestreitung einmaliger außerordentlicher Ausgaben nach Verkündung dieses Gesetzes die Summe von 9 961 842 782 Mark im Wege des Kredits flüssig zu machen.

Der Reichskanzler wird ferner ermächtigt, die zur Tilgung der Reichsschuld bestimmten Mittel zum Ankauf von Schuldverschreibungen zu verwenden.

---

*) Die Anlagen werden hier nicht mit abgedruckt.

Soweit es sich hierbei um die im Kapitel 3 der Einnahmen des außerordentlichen Etats ausgebrachten Beträge von insgesamt 74 568 349 Mark handelt, erhöht sich die im Abs. 1 bezeichnete Kreditsumme um die für diese Ankäufe verwendeten Beträge.

Der § 3 des Gesetzes, betreffend Änderungen im Finanzwesen, vom 15. Juli 1909 (Reichs-Gesetzbl. S. 743)*) findet im Rechnungsjahr 1915 auf die aus Anlaß des Krieges begebenen Anleihen keine Anwendung.

Der Reichskanzler wird weiter ermächtigt, Garantien zu übernehmen für die Erfüllung von Verbindlichkeiten, die von öffentlichen Körperschaften der besetzten oder noch zu besetzenden feindlichen Gebiete oder von Gesellschaften eingegangen werden, die aus Anlaß des Krieges zur Beseitigung wirtschaftlicher Notstände gegründet sind.

§ 3. Der Reichskanzler wird ermächtigt, zur vorübergehenden Verstärkung der ordentlichen Betriebsmittel der Reichshauptkasse nach Bedarf, jedoch nicht über den Betrag von zweitausend Millionen Mark hinaus, Schatzanweisungen auszugeben.

§ 4. Die zur Ausgabe gelangenden Schuldverschreibungen und Schatzanweisungen sowie die etwa zugehörenden Zinsscheine können sämtlich oder teilweise auf ausländische oder auch nach einem bestimmten Wertverhältnisse gleichzeitig auf in- und ausländische Währungen sowie im Ausland zahlbar gestellt werden.

Die Festsetzung des Wertverhältnisses sowie der näheren Bedingungen für Zahlungen im Ausland bleibt dem Reichskanzler überlassen.

---

*) Betrifft die Tilgung der Reichsanleiheschuld.

§ 5. Die Matrikularbeiträge und die ordentlichen Einnahmen aus der eigenen Wirtschaft des Reichs im Rechnungsjahr 1915 sowie — mit Zustimmung der Königreiche Bayern und Württemberg und des Großherzogtums Baden — ein den Sollbetrag der Überweisungen übersteigender Betrag der Branntweinsteuer sind, soweit sie nach der Rechnung des Jahres den Bedarf des Reichs übersteigen, nach näherer Bestimmung der Etats künftiger Jahre zu verwenden.

Das gleiche gilt auch für die Überschüsse des Rechnungsjahrs 1914. Der § 4 des Gesetzes, betreffend die Feststellung des Reichshaushaltsetats für das Rechnungsjahr 1914, vom 27. Mai 1914 (Reichs-Gesetzbl. S. 143) und der § 4 des Gesetzes, betreffend die Feststellung eines Nachtrags zum Reichshaushaltsetat für das Rechnungsjahr 1914, vom 4. August 1914 (Reichs-Gesetzbl. S. 345) werden aufgehoben.

Ein gegen das Etatssoll der Überweisungen sich ergebender Minderertrag der Branntweinsteuer fällt dem Reiche zur Last.

§ 6. Der Reichskanzler wird ermächtigt, bei Zahlungen für das Reich, die vor der gesetzlichen oder vertraglichen Fälligkeit erfolgen, einen angemessenen Abzug zu gewähren.

§ 7. Der diesem Gesetz als zweite Anlage*) beigefügte Besoldungsetat für das Reichsbankdirektorium auf das Rechnungsjahr 1915 wird auf 221 424 Mark und der als dritte Anlage*) beigefügte Besoldungsetat für das Direktorium der Reichsversicherungsanstalt für Angestellte auf das Rechnungsjahr 1915 wird auf 66 095 Mark festgestellt.

*) Die Anlagen werden hier nicht mit abgedruckt.

§ 8. Diejenigen Stellen des Landheers, der Marine und des Reichsmilitärgerichts, welche unter A 1 bis 8 des durch das Gesetz, betreffend den Servistarif und die Klasseneinteilung der Orte, vom 6. Juli 1904 (Reichs-Gesetzbl. S. 272) festgestellten Servistarifs fallen, sind aus der vierten Anlage*) ersichtlich.

2. Gesetz, betreffend die Feststellung des Haushaltsetats für die Schutzgebiete auf das Rechnungsjahr 1915.

Vom 22. März 1915 (RGBl. S. 178).

§ 1. Für den Haushalt der Schutzgebiete im Rechnungsjahr 1915 bleiben die Bestimmungen des Etats für das Rechnungsjahr 1914 maßgebend.

§ 2. Hinsichtlich der Einnahmen und fortdauernden Ausgaben des ordentlichen Etats werden die Ansätze des Rechnungsjahrs 1914 zugrunde gelegt.

§ 3. Zur Bestreitung einmaliger Ausgaben des ordentlichen Etats werden folgende Bauschbeträge zur Verfügung gestellt:

für	Ostafrika	2 500 000	Mark,
„	Kamerun	3 000 000	„
„	Togo	600 000	„
„	Südwestafrika	4 000 000	„
„	Neuguinea	500 000	„
„	Samoa	350 000	„
„	Kiautschou	1 600 000	„

Den Bauschbeträgen treten die aus früheren Rechnungsjahren noch verfügbaren Beträge hinzu.

*) Die Anlagen werden hier nicht mit abgedruckt.

3. Gesetz,
betreffend die Feststellung eines Nachtrags zum Reichshaushaltsetat für das Rechnungsjahr 1915.

Vom 31. August 1915 (RGBl. S. 543).

§ 1. Der diesem Gesetz als Anlage*) beigefügte Nachtrag zum Reichshaushaltsetat für das Rechnungsjahr 1915 tritt dem Reichshaushaltsetat hinzu.

§ 2. Die in Kapitel 5 Titel 1 und 2 der fortdauernden Ausgaben des Reichshaushaltsetats für das Rechnungsjahr 1915 vorgesehenen diplomatischen und konsularischen Vertretungen in Italien fallen fort.

§ 3. Der Reichskanzler wird ermächtigt, zur Bestreitung einmaliger außerordentlicher Ausgaben die Summe von 10 000 000 000 Mark im Wege des Kredits flüssig zu machen.

§ 4. Die zur Ausgabe gelangenden Schuldverschreibungen und Schatzanweisungen sowie die etwa zugehörenden Zinsscheine können sämtlich oder teilweise auf ausländische oder auch nach einem bestimmten Wertverhältnisse gleichzeitig auf in- und ausländische Währungen sowie im Ausland zahlbar gestellt werden.

Die Festsetzung des Wertverhältnisses sowie der näheren Bedingungen für Zahlungen im Ausland bleibt dem Reichskanzler überlassen.

4. Gesetz,
betreffend die Feststellung eines zweiten Nachtrags zum Reichshaushaltsetat für das Rechnungsjahr 1915.

Vom 24. Dezember 1915 (RGBl. S. 842).

§ 1. Der diesem Gesetz als Anlage*) beigefügte zweite Nachtrag zum Reichshaushaltsetat für das

---

*) Hier nicht mit abgedruckt.

Rechnungsjahr 1915 tritt dem Reichshaushaltsetat hinzu.

§ 2. Der Reichskanzler wird ermächtigt, zur Bestreitung einmaliger außerordentlicher Ausgaben die Summe von 10 000 000 000 Mark im Wege des Kredits flüssig zu machen.

§ 3. (Gleichlautend mit dem § 4 des vorhergehend aufgeführten Gesetzes.)

5. Gesetz über vorbereitende Maßnahmen zur Besteuerung der Kriegsgewinne.*)

Vom 24. Dezbr. 1915 (RGBl. S. 837).

§ 1. Aktiengesellschaften, Kommanditgesellschaften auf Aktien, Berggewerkschaften und andere Bergbau treibende Vereinigungen, letztere, sofern sie die Rechte juristischer Personen haben, Gesellschaften mit beschränkter Haftung und eingetragene Genossenschaften, die im Deutschen Reiche ihren Sitz haben, sind verpflichtet, fünfzig vom Hundert des in einem Kriegsgeschäftsjahr erzielten Mehrgewinns (§ 4) in eine zu bildende Sonderrücklage einzustellen.

Ist der Gewinn aus einem beim Inkrafttreten dieses Gesetzes abgelaufenen Kriegsgeschäftsjahre bereits verteilt, so sind etwaige freiwillige Rückstellungen dieses Jahres bis zum Betrage von fünfzig vom Hundert des Mehrgewinns der Sonderrücklage zuzuführen. Sind freiwillige Rückstellungen nicht gemacht worden oder

*) Eine Ausgabe dieses und des folgenden Gesetzes (Reichsbankbesteuerung) mit amtlicher Begründung, Auszügen aus den Kommissionsverhandlungen ist in der Guttentagschen Sammlung gesondert erschienen Preis 60 Pf.) und Ausführungsbestimmungen (vom 27. Januar 1916).

erreichen sie diese Höhe nicht, so ist ein Betrag von fünfzig vom Hundert des Mehrgewinns oder der noch fehlende Betrag aus dem Mehrgewinne der nächsten Kriegsgeschäftsjahre jedesmal vorweg zu entnehmen und der Sonderrücklage zuzuführen. Außerdem ist daneben die Hälfte des restlichen Mehrgewinns in die Sonderrücklage einzustellen. Rücklagen für Wohlfahrtszwecke sind nicht als freiwillige Rückstellungen im Sinne dieser Vorschrift anzusehen.

Im Falle des Abs. 2 dürfen Gewinnbeträge, die zu ausschließlich gemeinnützigen Zwecken bestimmt worden sind und deren dauernde Verwendung zu solchen Zwecken gesichert ist, von dem Geschäftsgewinne des beim Inkrafttreten dieses Gesetzes abgelaufenen Kriegsgeschäftsjahrs abgesetzt werden.

§ 2. Als Kriegsgeschäftsjahre im Sinne dieses Gesetzes gelten die drei aufeinanderfolgenden Geschäftsjahre, deren erstes noch den Monat August 1914 mitumfaßt oder bei einer später gegründeten Gesellschaft mitumfassen würde, wenn sie damals schon bestanden hätte.

§ 3. Geschäftsgewinn im Sinne dieses Gesetzes ist der in einem Geschäftsjahr erzielte, nach den gesetzlichen Vorschriften und den Grundsätzen ordnungsmäßiger kaufmännischer Buchführung berechnete Bilanzgewinn. Abschreibungen sind insoweit zu berücksichtigen, als sie einen angemessenen Ausgleich der Wertverminderung darstellen.

§ 4. Als Mehrgewinn im Sinne dieses Gesetzes gilt der Unterschied zwischen dem durchschnittlichen früheren Geschäftsgewinn (§ 5) und dem jeweils in einem Kriegsgeschäftsjahr erzielten Geschäftsgewinne.

Die Unterschiedsbeträge werden auf volle Tausende nach unten abgerundet. Beträge unter fünftausend Mark bleiben außer Betracht.

§ 5. Der durchschnittliche frühere Geschäftsgewinn (§ 4) ist nach den Ergebnissen der fünf den Kriegsgeschäftsjahren vorangegangenen Geschäftsjahre oder, wenn eine Gesellschaft noch nicht so lange besteht, nach den Ergebnissen der kürzeren Zeit, für welche Jahresabschlüsse vorliegen, zu berechnen. Besteht eine Gesellschaft schon fünf Jahre, so haben für die Berechnung des Durchschnittsgewinns die beiden Geschäftsjahre mit den besten und den schlechtesten Geschäftsergebnissen auszuscheiden.

Hat innerhalb der fünf den Kriegsgeschäftsjahren vorangegangenen Geschäftsjahre eine Vermehrung des eingezahlten Grund- oder Stammkapitals stattgefunden, so wird dem Geschäftsgewinne für die vor der Vermehrung liegende Zeit ein Betrag von fünf vom Hundert jährlich des der Gesellschaft durch die Neueinzahlungen tatsächlich zugeflossenen Kapitalbetrags zugerechnet.

Als früherer Durchschnittsgewinn wird mindestens ein Betrag von fünf vom Hundert des eingezahlten Grund- oder Stammkapitals angenommen zuzüglich des Mehrbetrags, der zur Verteilung einer etwaigen höheren festen Vorzugsdividende für bevorrechtigte Aktien notwendig gewesen wäre. Das Grundkapital einer Berggewerkschaft oder einer Bergbau treibenden Vereinigung ist aus dem Erwerbspreis und den Anlage- und Erweiterungskosten abzüglich des durch Schuldaufnahme gedeckten Aufwandes hierfür zu berechnen. An Stelle des Grundkapitals tritt bei eingetragenen Genossenschaften die Summe der eingezahlten Geschäftsanteile der Genossen.

Der im Abs. 3 vorgesehene Betrag wird als Mindestbetrag auch zugrunde gelegt, wenn ein volles Geschäftsjahr vor den Kriegsgeschäftsjahren nicht vorliegt. In diesem Falle werden jedoch für Aktien oder Anteile, die zu einem den Nennwert übersteigenden Preise ausgegeben worden sind, die fünf Hundertstel von dem Kapitale berechnet, das der Gesellschaft als Einzahlung auf ihre Aktien oder Anteile tatsächlich zugeflossen ist.

Hat sich das eingezahlte Grund- oder Stammkapital einer Gesellschaft während der Kriegsgeschäftsjahre vermehrt, so ist für die Zeit nach der Vermehrung dem durchschnittlichen früheren Geschäftsgewinn ein Betrag von fünf vom Hundert jährlich des der Gesellschaft durch die Neueinzahlungen tatsächlich zugeflossenen Kapitalbetrags hinzuzurechnen.

§ 6. Gesellschaften der im § 1 bezeichneten Art, die ihren Sitz im Ausland haben, aber im Inland einen Geschäftsbetrieb unterhalten, sind gleichfalls zur Bildung einer Sonderrücklage verpflichtet. Die Pflicht beschränkt sich auf den Mehrgewinn, der auf den inländischen Geschäftsbetrieb entfällt. Die Grundsätze, die bei einer bundesstaatlichen Einkommensteuerveranlagung für die Ausscheidung des auf den inländischen Geschäftsbetrieb entfallenden Teiles des steuerbaren Gesamteinkommens maßgebend waren, sind auch bei der Berechnung des auf den inländischen Betrieb entfallenden Teiles des Mehrgewinns anzuwenden. Wo eine Einkommensteuer nicht eingeführt ist, hat die Landesregierung entsprechende Vorschriften zu erlassen.

Die Ausführung der durch dieses Gesetz begründeten Verpflichtungen liegt den Vorstehern der inländischen Niederlassungen ob.

§ 7. Von der Verpflichtung zur Bildung einer Sonderrücklage befreit sind inländische Gesellschaften, die nach der Entscheidung des Bundesrats ausschließlich gemeinnützigen Zwecken dienen.

§ 8. Die Sonderrücklage ist der freien Verfügung der Gesellschaften entzogen, getrennt von dem sonstigen Vermögen zu verwalten und in Schuldverschreibungen des Deutschen Reichs oder eines Bundesstaats anzulegen. Die Verwahrung und Verwaltung erfolgt, auch bei ausländischen Gesellschaften, im Inland.

Der Reichskanzler kann Ausnahmen von den Vorschriften des Abs. 1 bewilligen.

Die Zinsen der Sonderrücklage fließen den sonstigen Einnahmen zu.

Bleibt der Geschäftsgewinn eines Kriegsgeschäftsjahrs hinter dem durchschnittlichen früheren Geschäftsgewinne (§ 5) zurück, so ist die Gesellschaft berechtigt, aus der Sonderrücklage den Betrag zu entnehmen, um den etwa die Sonderrücklage die Hälfte des im Gesamtergebnisse der abgelaufenen Kriegsgeschäftsjahre erzielten Mehrgewinns übersteigt.

Die Sonderrücklage ist auch im Falle der Auflösung einer Gesellschaft der freien Verfügung der Liquidatoren so lange entzogen, als nicht durch das künftige Gesetz über die Besteuerung der Kriegsgewinne über ihre Verwendung Bestimmung getroffen ist.

§ 9. Die Mitglieder des Vorstandes, persönlich haftenden Gesellschafter, Repräsentanten, Geschäftsführer oder Liquidatoren der pflichtigen Gesellschaften

(§ 1), bei ausländischen Gesellschaften die Vorsteher der inländischen Niederlassungen (§ 6), die den Vorschriften dieses Gesetzes über die Bildung oder Verwaltung der Sonderrücklage vorsätzlich oder fahrlässig zuwiderhandeln und dadurch die Erhebung der Kriegsgewinnsteuer gefährden, werden mit Geldstrafe bis zu dreißigtausend Mark bestraft.

Sie haften für den Schaden, der durch ihr Verschulden dem Fiskus aus der Nichterfüllung der durch dieses Gesetz begründeten Verpflichtungen erwächst; sind für den Schaden mehrere verantwortlich, so haften sie als Gesamtschuldner.

§ 10. Der Bundesrat ist ermächtigt, die Vorschriften dieses Gesetzes auf andere als die im § 1 bezeichneten juristischen Personen auszudehnen.

Er ist ferner befugt, Ausführungsbestimmungen zu erlassen und Zuwiderhandlungen mit Geldstrafe bis zu eintausendfünfhundert Mark zu bedrohen.

§ 11. Dieses Gesetz tritt am Tage seiner Verkündung in Kraft.

6. Gesetz über die Kriegsabgaben der Reichsbank.*)

Vom 24. Dezbr. 1915 (RGBl. S. 840).

Artikel 1.

Von dem Gewinne der Reichsbank für das Jahr 1915 wird vorweg ein Betrag von 100 Millionen Mark dem Reiche überwiesen.

Artikel 2.

§ 1. Die Reichsbank hat ferner aus den Gewinnen für die Jahre 1915 und 1916 je einen Betrag von 14,3 Millionen Mark an das Reich abzuführen.

*) Siehe die Fußnote oben S. 39.

§ 2. Soweit der für das Jahr 1915 und der für das Jahr 1916 nach Abzug der sämtlichen Ausgaben sich ergebende Reingewinn den durchschnittlichen Reingewinn der Jahre 1911, 1912 und 1913 übersteigt, fällt er je zu drei Vierteln an das Reich.

Die Verteilung des hiernach verbleibenden Gewinns regelt sich nach § 24 des Bankgesetzes in der Fassung des Gesetzes vom 1. Juni 1909 (Reichs-Gesetzbl. S. 515).

Artikel 3.

Die für die Jahre 1914, 1915 und 1916 von der Reichsbank als Reserve für zweifelhafte Forderungen bilanzmäßig zurückgestellten Beträge dürfen bis zum Schlusse des der Beendigung des Krieges folgenden Jahres nur zur Deckung von Verlusten verwendet werden.

Soweit sie bis zu diesem Zeitpunkt nicht Verwendung gefunden haben, werden sie nach Abzug desjenigen Betrages, den die Reichsbank bis zur Höhe von 6¼ Millionen Mark als Reserve für zweifelhafte Forderungen in die Bilanz des vorbezeichneten Jahres einstellt, zur Hälfte an das Reich abgeführt.

Über die andere Hälfte ist, soweit sie nicht bis zum 31. Dezember 1920 zur Deckung von Verlusten in Anspruch genommen sein wird, durch das nächste, zufolge § 41 des Bankgesetzes zu erlassende Gesetz endgültige Bestimmung zu treffen.

Artikel 4.

Die nach Artikel 2 § 2 an das Reich zu zahlenden und die im Artikel 3 bezeichneten Beträge sind der Kommunalbesteuerung nicht unterworfen.

7. Reichskontrollgesetz.

Vom 4. April 1915 (RGBl. S. 215).

§ 1. Die Vorschriften des Reichskontrollgesetzes vom 21. März 1910 (Reichs-Gesetzbl. S. 521) bleiben mit Ausnahme der Bestimmung über die Kontrolle des Landeshaushalts von Elsaß-Lothringen auch für die Kontrolle der Rechnungen aus den Rechnungsjahren 1915 bis 1919 in Geltung.

§ 2. Die Kontrolle über die folgenden Ausgaben der bayerischen Heeresverwaltung während des gegenwärtigen Krieges:

Zuschüsse zur Militärwitwenkasse,
Pensionen ausschließlich derjenigen aus Anlaß des Krieges von 1870/71 und des gegenwärtigen Krieges,
einmalige Ausgaben für die bei Ausbruch des gegenwärtigen Krieges bereits begonnenen Bauten,

wird nicht auf Grund einer Rechnungsprüfung im einzelnen geübt. Der Verwendungsnachweis für die vorangeführten Ausgaben erfolgt durch vom Reichskanzler festgestellte Auszüge aus den Einzelrechnungen.

§ 3. Der Reichskanzler wird ermächtigt, die fernere Ausübung der Kontrolle über den Landeshaushalt von Elsaß-Lothringen durch den Rechnungshof des Deutschen Reichs mit der Landesregierung von Elsaß-Lothringen zu vereinbaren.

8. Bekanntmachung, betreffend die Herabsetzung der Zinsvergütung für vorzeitige Einzahlung gestundeter Zölle und Reichssteuern.

Vom 31. Dezbr. 1914 (RGBl. 1915 S. 1).

An Stelle des nach der Bekanntmachung vom 1. August 1914, betreffend die sofortige Einzahlung gestundeter Zölle und Reichssteuern, bisher gewährten Abzugs von $6^1/_4$ vom Hundert wird vom 10. Januar 1915 ab bis auf weiteres bei sofortiger Bareinzahlung gestundeter Zölle und Reichssteuern — mit Ausnahme der Erbschaftssteuer, der Zuwachssteuer, des Wehrbeitrags und der länger als ein Jahr gestundeten Reichsstempelabgabe von Gewinnanteilschein- und Zinsbogen — ein Abzug von $5^1/_4$ vom Hundert für die Zeit vom Einzahlungstage bis zum Ablauf der Stundungsfrist gewährt. Ein Abzug in gleicher Höhe wird gewährt, wenn an Stelle der sofortigen Barzahlung Kriegswechsel übergeben worden sind und diese bei den Zoll- oder Steuerstellen eingelöst werden, ehe sie von der Reichsfinanzverwaltung (der Reichshauptkasse) weiter begeben waren.

9. Gesetz,
betreffend die Ausgabe von Reichskassenscheinen und Reichsbanknoten zu 10 Mark.

Vom 22. März 1915 (RGBl. S. 179).

§ 1. Der Reichskanzler wird ermächtigt, bis zur Höhe von 120 Millionen Mark weitere Reichskassenscheine zu 10 Mark ausfertigen zu lassen und auszugeben.

Die den Betrag von 240 Millionen Mark übersteigenden Reichskassenscheine müssen, soweit sie jeweils ausgegeben sind, durch Hinterlegung ausgegebener Darlehnskassenscheine (§ 2 des Darlehnskassengesetzes vom 4. August 1914 — Reichs-Gesetzbl. S. 340 —)*) oder, falls solche nicht zur Verfügung stehen, durch Hinterlegung von gemünztem deutschen Gelde gedeckt sein. Die hierfür erforderlichen Anordnungen trifft der Reichskanzler.

*) s. Kriegs-Zivil und Finanzgesetze (Guttentagsche Sammlung deutscher Reichsgesetze Nr. 116) S. 63.

Im übrigen finden die für die Reichskassenscheine geltenden Vorschriften auch auf die neu auszufertigenden Reichskassenscheine entsprechende Anwendung.

§ 2. Der Bundesrat wird ermächtigt, für die Zurückziehung der auf Grund des § 1 ausgegebenen Reichskassenscheine unter Freigabe der zu ihrer Deckung hinterlegten Beträge die erforderlichen Vorschriften zu erlassen.

§ 3. Der Bundesrat wird ermächtigt, die Reichskassenscheine zu 10 Mark einzuziehen und nach Maßgabe dieser Einziehung den Gesamtbetrag der Reichskassenscheine zu 5 Mark auf 240 Millionen Mark zu erhöhen. Die hierzu erforderlichen Vorschriften sind spätestens 1 Jahr nach Friedensschluß zu erlassen.

§ 4. Die Reichsbank wird ermächtigt, auf den Betrag von 10 Mark lautende Banknoten auszufertigen und auszugeben.

§ 5. Dieses Gesetz tritt mit dem Tage seiner Verkündung in Kraft.

Aus der amtlichen Begründung.

.... Die gehegte Erwartung, den Bedarf nach mittleren Wertabschnitten neben der erwähnten Vermehrung der Reichskassenscheine zu 10 ℳ mit Hilfe von Reichsbanknoten zu 20 ℳ und von Darlehnskassenscheinen zu 5 ℳ befriedigen zu können, hat sich mithin nicht erfüllt, obschon von letzteren bis zum 15. Februar 1915 ein Betrag von nicht weniger als 276 850 000 ℳ in den Verkehr geflossen ist. Ein Umstand, der wesentlich zur Verschärfung der Nachfrage nach Zehnmarkwerten beigetragen hat, ist darin zu finden, daß mit der in erfreulichem Maße fortschreitenden Ansammlung der Goldmünzen bei der Reichsbank seit dem 31. Juli 1914 bis zum 15. Februar 1915 mehr als 280 Millionen Mark an Zehnmarkstücken dem Umlauf entzogen worden sind. Es läge an sich nahe, dem Bedarf an Zehnmarkwerten durch Ausgabe von Darlehnskassenscheinen zu 10 ℳ gerecht zu werden, die im § 18 des Darlehnskassengesetzes vom 4. August 1914, Reichs-Gesetzbl. S. 340, vorgesehen sind. Einem solchen Vorgehen steht indessen das technische Bedenken entgegen, daß die Herstellung eines gegen Fälschung ausreichend geschützten Scheines geraume Zeit erfordern würde. Die Fälschungsgefahr ist bei diesen Wertabschnitten besonders groß, da die Scheine lange im Umlauf sich halten und deshalb schwerer als Falschstücke erkannt werden. Die Scheine bedürfen daher der Ausstattung mit beiderseitigem Kupferdruck. Um auf anderem Wege rascher zum Ziele zu kommen, nimmt der Entwurf eine vorübergehende Vermehrung der Reichskassenscheine zu 10 ℳ in Aussicht. Dieses Mittel bietet zunächst den technischen Vorteil, daß die Reichskassenscheine zu 10 ℳ schon wegen des ständigen Ersatzbedarfs in fortdauernder Herstellung begriffen sind und daher mit den maschinellen Vorrichtungen der Reichsdruckerei in verhältnismäßig kurzer Zeit leicht vermehrt werden können. Sodann erscheint eine derartige Maßnahme auch in finanzwirtschaftlicher und währungspolitischer Hinsicht dann bedenkenfrei, wenn, wie geplant, die neuen Reichskassenscheine nur mit einer besonderen Deckung in den Verkehr gebracht werden und in ihm verbleiben dürfen, außerdem aber ihre spätere Einziehung von vornherein an eine bestimmte Frist gebunden wird. .... Dieser Charakter der Maßnahme tritt dadurch deutlich in die Erscheinung, daß die neuen Reichskassenscheine, soweit sie ausgegeben werden, durch Darlehnskassenscheine gedeckt sein müssen. .... Wie oben bereits erwähnt, sollen die Reichskassenscheine nur eine vorübergehende Vermehrung erfahren. Es steht aber mit Sicherheit zu erwarten, daß das Verkehrsbedürfnis nach Wertabschnitten zu 10 ℳ nicht auf die Kriegsdauer beschränkt sein wird. Gerade in der ersten Zeit nach Wiederherstellung des Friedens wird sich ein solcher Bedarf lebhaft geltend machen, da die Überführung des gesamten Wirtschaftslebens in die Friedensverhältnisse, nicht nur einen außerordentlichen Kreditbedarf, sondern auch einen außergewöhnlichen Zahlungsmittelbedarf hervorrufen wird, dessen Tragweite noch nicht zu übersehen ist. Eine solche Entwickelung erfordert ein Zahlungsmittel, das sich elastisch dem jeweiligen Bedarf anpassen kann. Diese Eigenschaft besitzen die Reichsbanknoten, nicht aber die Reichskassenscheine. Hiernach weist ein dauerndes Verkehrsbedürfnis auf die Schaffung einer Reichsbanknote zu 10 ℳ hin, welche die Reichsbank in den Stand setzen wird, allen Anforderungen mit bestem Erfolge gerecht zu werden. Da es sich aber nicht empfiehlt, zwei Geldzeichen zu demselben Wertabschnitte nebeneinander auszugeben, so ist beabsichtigt, die Reichskassenscheine zu 10 ℳ Hand in Hand mit der Ausgabe der neuen Reichsbanknoten zu 10 ℳ überhaupt einzuziehen und die Reichskassenscheine zu 5 ℳ allmählich auf den Betrag von 240 Millionen Mark zu erhöhen, so daß nur noch Reichskassenscheine zu 5 ℳ auszugeben wären.

10. Bekanntmachung, betreffend die Ausprägung von Fünfpfennigstücken aus Eisen.

Vom 26. Aug. 1915 (RGBl. S. 541).

§ 1. Der Reichskanzler wird ermächtigt, außerhalb der im § 8 des Münzgesetzes vom 1. Juni 1909 (Reichs-Gesetzbl. S. 507) für die Ausprägung von Nickel- und Kupfermünzen bestimmten Grenze Fünfpfennigstücke aus Eisen bis zur Höhe von 5 Millionen Mark herstellen zu lassen. Im übrigen finden auf diese Münzen die für die Fünfpfennigstücke aus Nickel geltenden Vorschriften mit folgenden Maßgaben entsprechende Anwendung:

a) die Fünfpfennigstücke aus Eisen sind im gerippten Ringe zu prägen;

b) sie tragen auf der Schriftseite über der Zahl „5“ die Umschrift „Deutsches Reich“ und unter dieser Zahl das Wort „Pfennig“ in wagerechter Stellung, darunter die Jahreszahl.

§ 2. Die Fünfpfennigstücke aus Eisen sind spätestens 2 Jahre nach Friedensschluß außer Kurs zu setzen. Die hierzu erforderlichen Bestimmungen erläßt der Bundesrat.

11. Bekanntmachung, betreffend die Ausprägung von Zehnpfennigstücken aus Eisen.

Vom 22. Dezbr. 1915 (RGBl. S. 844).

§ 1. Der Reichskanzler wird ermächtigt, außerhalb der im § 8 des Münzgesetzes vom 1. Juni 1909 (Reichs-Gesetzbl. S. 507) für die Ausprägung von Nickel- und Kupfermünzen bestimmten Grenze Zehnpfennigstücke aus Eisen bis zur Höhe von 10 Millionen Mark herstellen zu lassen. Im übrigen finden auf diese Münzen die für die Zehnpfennigstücke aus Nickel geltenden Vorschriften mit folgenden Maßgaben entsprechende Anwendung:

a) die Zehnpfennigstücke aus Eisen werden zu 280 Stück aus einem Kilogramm ausgebracht;

b) sie tragen auf der Schriftseite über der Zahl „10" die Umschrift „Deutsches Reich" und unter dieser Zahl das Wort „Pfennig" in wagerechter Stellung, darunter die Jahreszahl, auf der andern Seite statt der Schnureinfassung einen Perlenkreis.

§ 2. (Gleich § 2 der vorhergenannten Bekanntmachung.)

IV.

Arbeiterschutz und Sozialversicherung.

1. Bekanntmachung, betreffend Festsetzung der Ortslöhne.

Vom 19. August 1915 (RGBl. S. 511).

Die in der Bekanntmachung, betreffend Festsetzung der Ortslöhne, vom 4. September 1914 (Reichs-Gesetzbl. S. 396)*) bestimmte Frist, für welche die erstmalige Festsetzung der Ortslöhne im ganzen Reiche gilt (§ 151 Abs. 1 der Reichsversicherungsordnung) wird bis zum 31. Dezember 1916 verlängert.

---

*) Siehe Kriegs-Zivil- und Finanzgesetze (Guttentagsche Sammlung deutscher Reichsgesetze, Nr. 116) S. 148.

**2. Bekanntmachung
über die Wahlen nach dem Gewerbegerichtsgesetz und dem Gesetze, betreffend Kaufmannsgerichte.**

Vom 26. Juli 1915 (RGBl. S. 481).

Die Amtsdauer der Beisitzer der Gewerbegerichte und der Kaufmannsgerichte wird, soweit sie vor dem 31. Dezember 1916 abläuft, bis zum 31. Dezember 1916 verlängert.

**3. Bekanntmachung,
betreffend die Einschränkung der Arbeitszeit in Spinnereien, Webereien und Wirkereien.**

Vom 12. August 1915 (RGBl. S. 495).

(Ersetzt durch die folgende Verordnung Nr. 4).

**4. Bekanntmachung,
betreffend die Einschränkung der Arbeitszeit in Spinnereien, Webereien, Wirkereien usw.**

Vom 7. Novbr. 1915*) (RGBl. S. 733).

§ 1. In gewerblichen Betrieben, in denen Gespinste, Gewebe, Wirkstoffe, Wirk-, Strick-, Flecht- oder Seilerwaren, Maschinenspitzen, Watten oder Filze ganz oder teilweise aus Baumwolle, Wolle, Kunstwolle, Flachs, Jute, Ramie, Hanf oder sonstigen Seilerfasern hergestellt werden, dürfen Arbeiter nur an höchstens 5 Tagen in jeder Woche beschäftigt werden. Die tägliche Arbeitszeit darf nicht über die im Juni 1915 üblich gewesene durchschnittliche Dauer verlängert werden. In keinem Falle darf sie für den einzelnen Arbeiter und für den Betrieb zehn Stunden ausschließlich der Pausen überschreiten.

*) Diese Verordnung verfolgt erst in zweiter Linie Arbeiterschutzzwecke; sie ist eine Folge des militärischerseits erlassenen Herstellungsverbots für Baumwollstoffe und der dadurch frei werdenden Arbeitskraft von Textilarbeitern und bezweckt eine „Streckung der Arbeitsgelegenheit". Von den Beschränkungen frei bleibt insbesondere die Verarbeitung von ganzseidenen Waren und von Kunstbaumwolle.

Die Vorschriften finden Anwendung auf alle Arbeiten (auch Vor- und Nacharbeiten), die dazu dienen, die im Abs. 1 genannten Erzeugnisse gebrauchsfertig herzustellen, insbesondere auf die Bleicherei, Färberei, Appretur, Zwirnerei, Druckerei und dergleichen.

In gemischten Betrieben finden die Beschränkungen nur auf diejenigen Teile des Betriebs Anwendung, welche Erzeugnisse der bezeichneten Art herstellen.

Die Bestimmungen im Abs. 1 bis 3 finden keine Anwendung auf die handelsgewerbliche Tätigkeit sowie ferner:

1. auf die Bewachung der Betriebsanlagen, auf Arbeiten zur Reinigung und Instandhaltung, durch welche der regelmäßige Fortgang des eigenen oder eines fremden Betriebs bedingt ist, sowie auf Arbeiten, von welchen die Wiederaufnahme des vollen werktägigen Betriebs abhängig ist;
2. auf Arbeiten, welche zur Verhütung des Verderbens von Rohstoffen oder des Mißlingens von Arbeitserzeugnissen erforderlich sind;
3. auf die Beaufsichtigung des Betriebs;
4. auf die Zu- und Abfuhr von Gütern und Brennstoffen und auf das Ent- und Beladen der Eisenbahnwagen.

Die Landeszentralbehörden können eine weitergehende Beschränkung der Arbeitstage und der täglichen Arbeitszeit anordnen.

§ 2. Die Landeszentralbehörden oder die von ihnen bestimmten Behörden können auf Antrag Ausnahmen im öffentlichen Interesse zulassen.

§ 3. Mit Geldstrafe bis zu eintausendfünfhundert Mark oder mit Gefängnis bis zu drei Monaten werden Gewerbetreibende bestraft, die den Vorschriften dieser Verordnung oder den auf Grund des § 1 Abs. 5 erlassenen Anordnungen der Landeszentralbehörden zuwiderhandeln.

§ 4. Die Verordnung tritt mit dem Tage der Verkündung in Kraft und an die Stelle der Verordnung vom 12. August 1915 (Reichs-Gesetzbl. S. 495)*). Der Reichskanzler bestimmt den Zeitpunkt des Außerkrafttretens.

---

*) Die vorgehend genannte Bekanntmachung Nr. 3.

5. Bekanntmachung, betreffend den Betrieb der Anlagen der Großeisenindustrie

Vom 29. Oktober 1915 (RGBl. S. 721).

Auf Grund der §§ 120 f, 139 b der Gewerbeordnung hat der Bundesrat folgende Bestimmung erlassen:

Unter Aufhebung der Bestimmung vom 21. Oktober 1914 (Reichs-Gesetzbl. S. 446)*) wird der § 7 der Bekanntmachung vom 4. Mai 1914, betreffend den Betrieb der Anlagen der Großeisenindustrie (Reichs-Gesetzbl. S. 118), wie folgt geändert:

§ 7. Die vorstehenden Bestimmungen treten am 1. Dezember 1916 in Kraft und an Stelle der Bekanntmachung vom 19. Dezember 1908 (Reichs-Gesetzbl. S. 650).

Die auf Grund des § 3 der Bekanntmachung vom 19. Dezember 1908 gestatteten Ausnahmen bleiben, wenn ihre Dauer nicht auf einen kürzeren Zeitpunkt beschränkt ist, bis zum 30. November 1916 in Geltung, treten aber am 1. Dezember 1916 sämtlich außer Kraft.

6. Bekanntmachung über Krankenversicherung und Wochenhilfe während des Krieges.

Vom 28. Januar 1915 (RGBl. S. 49).**)

I.

§ 1. Die Vorschrift des § 3 des Gesetzes, betreffend Erhaltung von Anwartschaften aus der Krankenversicherung, vom 4. August 1914 (Reichs-Gesetzbl. S. 334)***) gilt auch für diejenigen, welche zur Zeit ihres Eintritts in Kriegs-, Sanitäts- oder ähnliche Dienste für das Reich oder die österreichisch-ungarische Monarchie zwar

*) Siehe Kriegs-Zivil- und Finanzgesetze (Guttentagsche Sammlung deutscher Reichsgesetze Nr. 116). S. 106. Hier handelt es sich um die Verlängerung der Gültigkeit der bisherigen Bestimmungen um ein weiteres Jahr.

**) Vergl. auch die Bekanntmachung vom 23. April 1915 (Nr. 7) unten S. 59.

***) Siehe Kriegs-Zivil- und Finanzgesetze (Guttentagsche Sammlung deutscher Reichsgesetze Nr. 116) S. 93 ff.

gemäß § 313 der Reichsversicherungsordnung zur Weiterversicherung berechtigt waren, von dieser Berechtigung aber keinen Gebrauch gemacht haben.

Die Kasse kann die im Abs. 1 bezeichneten Personen, wenn sie sich zum Beitritt melden, ärztlich untersuchen lassen. Eine Erkrankung, die beim Wiedereintritt in die Krankenversicherung bereits besteht, begründet für diese Krankheit keinen Anspruch auf Kassenleistung.

§ 2. Als Hausgewerbtreibende im Sinne der statutarischen Bestimmungen, die auf Grund des § 3 des Gesetzes, betreffend Sicherung der Leistungsfähigkeit der Krankenkassen, vom 4. August 1914 (Reichs-Gesetzbl. S. 337)*) erlassen worden sind oder noch erlassen werden, gelten auch diejenigen, welche in gleicher Weise wie Hausgewerbtreibende (§ 162 der Reichsversicherungsordnung), aber mit der Maßgabe tätig sind, daß sie nicht für andere Gewerbtreibende, sondern im Auftrag und für Rechnung des Reichs, eines Bundesstaats, eines Gemeindeverbandes, einer Gemeinde, anderer öffentlicher Verbände oder öffentlicher Körperschaften oder von Wohltätigkeitsveranstaltungen, wie vom Roten Kreuz, vom Vaterländischen Frauenverein u. dgl., arbeiten.

§ 3. Während der Geltung des Gesetzes, betreffend Sicherung der Leistungsfähigkeit der Krankenkassen, vom 4. August 1914 (Reichs-Gesetzbl. S. 337)*) wird für bestehende Krankenkassen die Gleichwertigkeit der Leistungen (§§ 259 ff. der Reichsversicherungsordnung) nicht festgestellt.

II.

§ 4. Auf Wochenhilfe gemäß §§ 1, 3 der Bekanntmachung vom 3. Dezember 1914 (Reichs-Gesetzbl. S. 492)**) haben während

---

*) Siehe Kriegs-Zivil- und Finanzgesetze (Guttentagsche Sammlung deutscher Reichsgesetze Nr 116) S. 98 ff.

**) Siehe Kriegs-Zivil- und Finanzgesetze (Guttentagsche Sammlung deutscher Reichsgesetze Nr. 116) S. 148 ff. Nach Erlaß der Bekanntmachung vom 3. Dezember 1914 sind vielfach Wünsche laut geworden, die eine Erweiterung des Kreises der Berechtigten erstreben. Der Bundesrat hat „eine verbesserte Wochenhilfe, wenn auch nicht aus Reichsmitteln, noch der weiteren Dauer des gegenwärtigen Krieges auch Wöchnerinnen Anspruch, deren Ehemänner

1. zu der gegen Entgelt beschäftigten, aber nach § 165 Abs. 1 Nr. 7 der Reichsversicherungsordnung nicht gegen Krankheit versicherten Schiffsbesatzung deutscher Seefahrzeuge gehören oder bis zum Tage des Kriegsausbruchs oder darüber hinaus gehört haben,
2. als regelmäßigen Jahresarbeitsverdienst an Entgelt nicht mehr als zweitausendfünfhundert Mark beziehen und
3. der Voraussetzung des § 1 Nr. 1 der bezeichneten Bekanntmachung entsprechen.

§ 5. Der Antrag auf Gewährung dieser Wochenhilfe ist zu richten:

sofern die Wöchnerin selbst bei einer Orts-, Land-, Betriebs-, Innungs-, knappschaftlichen Krankenkasse oder Ersatzkasse versichert ist, an diese,

---

für angezeigt erachtet. Nicht mit Unrecht würden diejenigen Wöchnerinnen, welche selbst Mitglieder einer Krankenkasse sind und an sie Beiträge zahlen, es schwer empfunden haben, wenn sie in dieser Beziehung gegenüber den Frauen der Kriegsteilnehmer leer ausgehen sollten, die überwiegend nicht selbst versichert sind und nur mittelbar — durch ihre Ehemänner — zu der Kasse in Beziehung stehen. Diesen Wöchnerinnen eine Zuwendung aus Reichsmitteln zu machen, lag kein Anlaß vor. Wohl aber erschien es berechtigt, ihren eigenen Kassen die Pflicht der Gewährung einer gleichwertigen Wochenfürsorge aufzuerlegen .....

Nach dem Wortlaut der Bekanntmachung vom 3. Dezember 1914 waren die Ehefrauen desjenigen Teiles der Schiffsbesatzung deutscher Seefahrzeuge nicht mit einbezogen, der nicht nach der Reichsversicherungsordnung gegen Krankheit versichert ist. Das genannte Gesetz schließt diese Personen aber nicht deshalb aus, weil sie einer Fürsorge im Krankheitsfalle weniger bedürfen, sondern lediglich, weil für sie in dieser Beziehung schon anderweit — durch Seemannsordnung und das Handelsgesetzbuch — hinlänglich gesorgt ist. Es war deshalb geboten, die Wohltat der Reichswochenhilfe auch auf die Gruppe auszudehnen, was durch die auf Grund des § 3 des sogenannten Ermächtigungsgesetzes erlassene Bekanntmachung über Krankenversicherung und Wochenhilfe während des Krieges, vom 28. Januar 1915 (Reichsin allen anderen Fällen an die allgemeine Ortskrankenkasse oder, wo eine solche nicht besteht, an die Landkrankenkasse, zu deren Bezirk der Wohnort der Wöchnerin gehört.

Diese Kasse gibt den Antrag mit einer gutachtlichen Äußerung unverzüglich an den Vorstand der See-Berufsgenossenschaft in Hamburg weiter, der die Leistung der Wochenhilfe obliegt. Dieser Vorstand kann gegen eine Vergütung von zwei Mark für jeden einzelnen Fall der Wochenhilfe die Kasse mit Auszahlung der Wochenhilfe und mit Durchführung der dafür sonst nötigen Maßnahmen beauftragen.

Gewährt die beauftragte eigene Krankenkasse der Wöchnerin nach der Satzung ihren weiblichen Mitgliedern freie Behandlung durch Hebamme und Arzt sowie die erforderliche Arznei bei der Niederkunft und bei Schwangerschaftsbeschwerden, so bewendet es bei dieser Art der Leistung statt der baren Beihilfe nach § 3 Nr. 1 und 3 der Bekanntmachung vom 3. Dezember 1914. Der

---

Gesetzbl S. 49) geschehen ist. Dabei ist das Verfahren bei Auszahlung der Wochenhilfe, den besonderen Verhältnissen der Empfänger entsprechend, etwas abweichend geregelt, auch ist dabei für die selbst zur Schiffsbesatzung gehörigen weiblichen Personen (Stewardessen und dergleichen) statt der Krankenkassen die Hilfe der See-Berufsgenossenschaft in Anspruch genommen worden.

Die gedachte zweite Bekanntmachung regelt gleichzeitig noch einige Einzelfragen aus dem Gebiete der Wochenhilfe, namentlich stellt sie in dieser Hinsicht die Verhältnisse der landwirtschaftlichen Versicherten außer Zweifel, welche auf Antrag des Arbeitgebers nach § 418 der Reichsversicherungsordnung von der Versicherung befreit sind. Die voraussichtlichen Aufwendungen für die Wochenhilfe, die zu Lasten des Reiches gehen, sind auf monatlich etwa 2 Millionen Mark berechnet worden, ein Betrag, der sich durch die neuere Bekanntmachung vom 28 Januar 1915 noch um höchstens 40 000 Mark für den Monat erhöhen wird. Der Mehrbetrag, den die Krankenkassen selbst für die bei ihnen versicherten Wöchnerinnen zu zahlen haben werden, ist gleichfalls auf etwa 2 bis 3 Millionen Mark zu veranschlagen." (Denkschrift, Reichst. Drucks., 13. Leg. Per., II. Sess., 1914/15, Nr. 44 S. 35) — Vgl. auch die folgende Bekanntmachung (Nr. 7) vom 23. April 1915.

Kassenvorstand hat den Vorstand der See-Berufsgenossenschaft alsbald bei Weitergabe des Antrags entsprechend zu benachrichtigen. Im übrigen ist die Wochenhilfe bar zu leisten.

Die Bestimmungen der §§ 5 bis 7 der Bekanntmachung vom 3. Dezember 1914 gelten entsprechend. Die verauslagten Beträge sind stets dem Versicherungsamte der Kasse (Abs. 1) nachzuweisen. Bei Beanstandung ist die See-Berufsgenossenschaft am Verfahren zu beteiligen.

§ 6. Wöchnerinnen, die selbst zu der gegen Entgelt beschäftigten, aber nach § 165 Abs. 1 Nr. 7 der Reichsversicherungsordnung nicht gegen Krankheit versicherten Schiffsbesatzung deutscher Seefahrzeuge gehören oder bis zum Tage des Kriegsausbruchs oder darüber hinaus gehört haben, hat die See-Berufsgenossenschaft die im § 3 der Bekanntmachung vom 3. Dezember 1914 bezeichnete Wochenhilfe aus eigenen Mitteln zu gewähren, wenn sie darauf keinen Anspruch nach § 4 dieser Verordnung haben. § 7 der Bekanntmachung vom 3. Dezember 1914 gilt entsprechend.

III.

§ 7. Die Zeit einer Befreiung von der Versicherung auf Grund der §§ 418, 435 der Reichsversicherungsordnung gilt der Zeit des Versichertseins im Sinne des § 1 Nr. 2 und des § 8 der Bekanntmachung vom 3. Dezember 1914 gleich.

Für die Leistung der Wochenhilfe gilt § 2 der im Abs. 1 bezeichneten Bekanntmachung mit der Maßgabe, daß, wenn der Ehemann der Wöchnerin zuletzt auf Grund der §§ 418, 435 der Reichsversicherungsordnung von der Versicherung befreit war und die Wöchnerin selbst keiner Krankenkasse angehört, die Wochenhilfe durch diejenige Kasse zu leisten ist, welcher der Ehemann ohne die Befreiung hätte angehören müssen.

Ist auch die Wöchnerin selbst auf Grund des § 418 oder des § 435 der Reichsversicherungsordnung befreit, so hat der Arbeitgeber der Kasse das Wochengeld zu erstatten, das er nach der Reichsversicherungsordnung zu zahlen haben würde.

§ 8. Wöchnerinnen, die selbst auf Grund des § 418 oder des § 435 der Reichsversicherungsordnung von der Versicherung befreit sind und Anspruch auf Wochenhilfe nach §§ 195, 419 Abs. 2, § 435 der Reichsversicherungsordnung, nicht aber nach § 1 der Bekanntmachung vom 3. Dezember 1914 haben, hat ihr Arbeitgeber während der weiteren Dauer des gegenwärtigen Krieges die im § 3 Nr. 1, 3 und 4 der Bekanntmachung vom 3. Dezember 1914 bezeichneten Leistungen aus eigenen Mitteln zu gewähren. § 422 der Reichsversicherungsordnung gilt entsprechend.

IV.

§ 9. Die Vorschrift des § 197 der Reichsversicherungsordnung über die Erstattung von Wochengeld gilt auch für alle übrigen Leistungen an Wochenhilfe, welche die Kassen und Arbeitgeber auf Grund dieser Bekanntmachung sowie der Bekanntmachung vom 3. Dezember 1914 aus eigenen Mitteln zu leisten haben.

§ 10. Wöchnerinnen der im § 1 der Bekanntmachung vom 3. Dezember 1914 sowie in §§ 4, 7 dieser Bekanntmachung bezeichneten Art, die vor dem Eintritt ihrer Ehemänner in die Kriegs-, Sanitäts- und ähnlichen Dienste entbunden worden sind, erhalten vom Tage dieses Eintritts ab das Wochengeld auf 8 und das Stillgeld auf 12 Wochen, jedoch in beiden Fällen abzüglich der zwischen dem Tage der Niederkunft und dem Tage des Eintritts liegenden Zeit.

V.

§ 11. Diese Vorschriften treten mit ihrer Verkündung in Kraft, und zwar die des § 1 mit Wirkung vom 4. August 1914, die der §§ 4 bis 10 mit Wirkung vom 3. Dezember 1914 ab.

Der Bundesrat behält sich vor, den Zeitpunkt des Außerkrafttretens der vorstehenden Vorschriften zu bestimmen.

7. Bekanntmachung, betreffend Ausdehnung der Wochenhilfe während des Krieges.

Vom 23. April 1915 (RGBl. S. 257).*)

I.

§ 1. Wöchnerinnen, die nicht schon auf Grund der Bekanntmachungen vom 3. Dezember 1914 (Reichs-Gesetzbl. S. 492)**) und

*) Diese Verordnung erfüllt einige weitere Wünsche und Anträge, die

28. Januar 1915 (Reichs-Gesetzbl. S. 49)***) Anspruch auf Wochenhilfe aus Mitteln des Reichs haben, wird eine solche während der weiteren Dauer des gegenwärtigen Krieges gewährt, wenn

1. ihre Ehemänner in diesem Kriege dem Reiche Kriegs-, Sanitäts- oder ähnliche Dienste leisten oder an deren Weiterleistung oder an der Wiederaufnahme einer Erwerbstätigkeit durch Tod, Verwundung, Erkrankung oder Gefangennahme verhindert sind, und
2. sie minderbemittelt im Sinne des § 2 sind.

§ 2. Wöchnerinnen gelten als minderbemittelt, wenn sie auf Grund des Gesetzes vom 28. Februar 1888 in der Fassung des Gesetzes vom 4. August 1914 (Reichs-Gesetzbl. 1888 S. 59, 1914 S. 332)†) unterstützt werden.

Sofern nicht Tatsachen die Annahme rechtfertigen, daß eine Beihilfe nicht benötigt wird, gilt eine Wöchnerin ferner als minderbemittelt, wenn

---

in dieser Beziehung noch nach der Bekanntmachung betreffend Ausdehnung der Wochenhilfe vom 23. April 1915 geäußert worden sind. „Danach wird die Wochenhilfe aus Reichsmitteln zunächst auf alle diejenigen Ehefrauen von Kriegsteilnehmern erstreckt, welche auf Grund des Mannschafts-Unterstützungsgesetzes unterstützt werden. Darüber hinaus erhalten die Beihilfe alle Kriegerfrauen, wenn vor Einziehung des Mannes zum Kriegsdienst das Gesamtjahreseinkommen des Ehepaars nicht mehr als 2500 Mark betragen hat oder aber nach der Einziehung das der Ehefrau verbliebene Jahreseinkommen nicht mehr als 1500 Mark für sie selbst zuzüglich 250 Mark für jedes Kind unter 15 Jahren beträgt. Die Beihilfe wird nur da nicht gewährt, wo trotz Vorliegens der bezeichneten Voraussetzungen besondere Tatsachen die Annahme eines Bedürfnisses nach ihr ausschließen. Soweit ein Kriegsteilnehmer für ein neugeborenes Kind die Vaterschaft anerkannt hat, wird die Wochenhilfe der Wöchnerin auch für dieses gewährt.

Da die meisten der neu einbezogenen Teilnehmer in keinerlei Beziehung zu den Krankenkassen stehen, konnte sich das Reich dieser nicht, wie nach den älteren Bekanntmachungen, als örtlicher Organe für die Durchführung der Maßnahme bedienen. Vielmehr sind zu diesem Zwecke die auf Grund des Mannschafts-Unterstützungsgesetzes gebildeten Kommissionen der

1. ihres Ehemannes und ihr Gesamteinkommen in dem Jahre oder Steuerjahre vor dem Diensteintritt (§ 1) den Betrag von zweitausendfünfhundert Mark nicht überstiegen hat, oder

2. das ihr nach dem Diensteintritt des Ehemannes verbliebene Gesamteinkommen höchstens fünfzehnhundert Mark und für jedes schon vorhandene Kind unter fünfzehn Jahren höchstens weitere zweihundertundfünfzig Mark beträgt.

§ 3. Die Wochenhilfe ist auch für das uneheliche Kind eines Kriegsteilnehmers der im § 1 bezeichneten Art zu leisten, wenn es auf Grund des § 2 Abs. 1 c des Gesetzes vom 28. Februar 1888 in der Fassung des Gesetzes vom 4. August 1914 (Reichs-Gesetzbl. 1888 S. 59, 1914 S. 332) unterstützt wird.

§ 4. Als Wochenhilfe wird gewährt:

1. ein einmaliger Beitrag zu den Kosten der Entbindung in Höhe von fünfundzwanzig Mark,

---

Lieferungsverbände bestimmt worden, deren Aufgaben nach dem genannten Gesetz ohnehin auf einem verwandten Gebiete liegen und die den einschlägigen persönlichen und steuerlichen Verhältnissen nahestehen. Nur soweit die Wöchnerinnen auf Grund ihrer eigenen Krankenversicherung schon nach den älteren Bekanntmachungen Anspruch auf Wochenhilfe gegen ihre Krankenkasse haben, bleibt die letztere zur Leistung verpflichtet. Sie erhält dann aber in demselben Umfang aus der Reichskasse Ersatz ihrer Aufwendungen, wie dies bei den durch die beiden ersten Verordnungen bedachten selbstversicherten Kriegerfrauen der Fall ist. Den Krankenkassen wird dadurch auf Kosten des Reichs ein Teil der Last wieder abgenommen, welche ihnen die bisherigen Verordnungen über die Wochenhilfe auferlegt hatten." (Denkschrift, Reichst.-Drucks., 13. Leg.-Per., II. Sess. 1914/15. Nr. 73, S. 25.) — Vgl. auch die vorhergehend aufgeführte Bekanntmachung Nr. 6, oben S. 54.

**) Kriegs-Zivil- und Finanzgesetze (Guttentagsche Sammlung deutscher Reichsgesetze Nr. 116) S. 148 ff.

***) oben S. 54, die vorhergehende Bekanntmachung.

†) Kriegs-Zivil- und Finanzgesetze (Guttentagsche Sammlung deutscher Reichsgesetze Nr. 116) S. 21 ff.

2. ein Wochengeld von einer Mark täglich, einschließlich der Sonn- und Feiertage, für acht Wochen, von denen mindestens sechs in die Zeit nach der Niederkunft fallen müssen,
3. eine Beihilfe bis zum Betrage von zehn Mark für Hebammendienste und ärztliche Behandlung, falls solche bei Schwangerschaftsbeschwerden erforderlich werden,
4. für Wöchnerinnen, solange sie ihre Neugeborenen stillen, ein Stillgeld in Höhe von einer halben Mark täglich, einschließlich der Sonn- und Feiertage, bis zum Ablauf der zwölften Woche nach der Niederkunft.

§ 5. Für die Leistungen der Wochenhilfe gelten die §§ 118, 119, 223 der Reichsversicherungsordnung entsprechend.

§ 6. Gehört die Wöchnerin einer Krankenkasse (Orts-, Land-, Betriebs-, Innungs-, knappschaftlichen Krankenkasse oder Ersatzkasse) an, so ist der Antrag auf Gewährung einer Wochenhilfe nach § 1 oder § 3 bei dieser Kasse zu stellen. Er ist beim Arbeitgeber der Wöchnerin zu stellen, wenn sie auf Grund des § 418 oder des § 435 der Reichsversicherungsordnung von der Versicherung befreit ist.

Gehört die Wöchnerin zur Schiffsbesatzung deutscher Seefahrzeuge, so ist der Antrag bei der See-Berufsgenossenschaft in Hamburg zu stellen.

§ 7. Krankenkasse, See-Berufsgenossenschaft und Arbeitgeber haben den Antrag unverzüglich an diejenige Kommission des Lieferungsverbandes (§ 6 des Gesetzes vom 28. Februar 1888) weiterzureichen, in deren Bezirk der gewöhnliche Aufenthaltsort der Wöchnerin liegt.

Sie haben sich gleichzeitig darüber zu äußern, ob gegen sie der Wöchnerin ein Anspruch auf Wochenhilfe nach § 8 der Bekanntmachung vom 3. Dezember 1914 (Reichs-Gesetzbl. S. 492) oder nach § 6 oder § 8 der Bekanntmachung vom 28. Januar 1915 (Reichs-Gesetzbl. S. 49) zusteht.

§ 8. Wer nach diesen Vorschriften (§ 7 Abs. 2, Wochenhilfe gewähren muß, kann den Antrag auch selbst stellen, falls die Wöchnerin seiner Aufforderung, ihn zu stellen, nicht binnen zwei Wochen entspricht.

§ 9. In allen anderen als den im § 6 bezeichneten Fällen ist der Antrag unmittelbar bei der Kommission des Lieferungsverbandes zu stellen.

Der Antrag muß die ausdrückliche Erklärung enthalten, daß die Wöchnerin keiner Krankenkasse (§ 6 Abs. 1) angehört, und, wenn sie Dienstbote oder landwirtschaftliche Arbeiterin ist, auch, daß sie nicht zu den nach § 418 oder § 435 der Reichsversicherungsordnung Befreiten gehört.

§ 10. Für die Kommission gelten § 6 Abs. 2, § 8 des Gesetzes vom 28. Februar 1888 auch hier; jedoch kann der Vorsitzende allein entscheiden, wenn die Wöchnerin oder das Kind (§ 3) schon nach dem genannten Gesetz unterstützt wird.

Die Steuerbehörden haben der Kommission auf Erfordern Auskunft über die Verhältnisse der Wöchnerin und ihres Ehemannes zu erteilen.

§ 11. Die Kommission oder ihr Vorsitzender (§ 10 Abs. 1) entscheidet endgültig durch schriftlichen Bescheid; bei Ablehnung des Antrags sind die Gründe mitzuteilen.

War der Antrag durch die Krankenkasse einzureichen, so ist der Bescheid ihr abschriftlich mitzuteilen oder durch sie der Wöchnerin auszuhändigen. Das gleiche gilt entsprechend für Arbeitgeber und See-Berufsgenossenschaft.

§ 12. Wer nach den im § 7 Abs. 2 bezeichneten Vorschriften Wochenhilfe leisten muß, hat sie weiter zu gewähren, auch wenn dem Antrag stattgegeben wird.

Bleiben diese Leistungen hinter dem Maße des § 4 zurück, so hat der Verpflichtete (Abs. 1) sie darauf zu erhöhen.

§ 4 der Bekanntmachung vom 3. Dezember 1914 gilt entsprechend, ebenso § 210 der Reichsversicherungsordnung.

§ 13. Im übrigen wird die Wochenhilfe durch die Stellen ausgezahlt, welche die Unterstützungen nach dem Gesetze vom 28. Februar 1888 zu zahlen haben. Die Zahlung der Wochenhilfe kann mit der Zahlung der Unterstützung, wo solche gewährt wird, verbunden werden; sonst geschieht sie mit Ablauf jeder Woche.

§ 14. Die Lieferungsverbände haben den Krankenkassen, den Arbeitgebern und der See-Berufsgenossenschaft die Aufwendungen an Wochenhilfe zu erstatten, welche diese nach dem Inkrafttreten dieser Bekanntmachung den danach Berechtigten gemäß § 12 leisten, Wochengeld jedoch nur, soweit es die satzungsmäßige Höhe übersteigt.

Für Sachleistungen gemäß § 12 Abs. 3 ist in jedem Einzelfall als einmaliger Beitrag zu den Kosten der Entbindung (§ 4 Nr. 1) der Betrag von fünfundzwanzig Mark und als Beihilfe für Hebammendienste und ärztliche Behandlung bei Schwangerschaftsbeschwerden (§ 4 Nr. 3) der Betrag von zehn Mark zu erstatten.

§ 15. Die Gemeindebehörden haben die Kommissionen der Lieferungsverbände auf deren Verlangen bei der für Gewährung des Stillgeldes nötigen Überwachung zu unterstützen.

II.

§ 16. Für Entbindungsfälle während des Krieges, in denen die Wochenhilfe aus Reichsmitteln nur deshalb nicht oder nur teilweise gewährt wird, weil diese Bekanntmachung oder diejenigen vom 3. Dezember 1914 oder 28. Januar 1915 nicht schon seit Kriegsbeginn in Kraft sind, kann die Kommission auf Antrag eine einmalige Unterstützung zubilligen.

§ 17. Diese Unterstützung darf höchstens fünfzig Mark und in keinem Falle mehr betragen als der Ausfall an Wochenhilfe, der dabei infolge des späteren Inkrafttretens der Bekanntmachungen entstanden ist.

§ 18. Voraussetzung für die Zubilligung dieser Unterstützung ist, daß die Wöchnerin sich infolge der für das Wochenbett oder die Ernährung und Pflege des Säuglings erforderlich gewordenen und ihr nicht schon anderweit aus Gemeinde- oder sonstigen öffentlichen Mitteln ersetzten Aufwendungen in bedrängter Lage befindet.

Dies ist namentlich dann anzunehmen, wenn die Wöchnerin noch die Kosten für die Hilfe des Arztes oder der Hebamme, für Arzneien und Stärkungsmittel oder für Ernährung des Säuglings schuldet.

§ 19. Für den Antrag auf diese Unterstützung gelten die §§ 6, 7, 9 entsprechend. Bei der Weiterreichung des Antrags (§ 7) sind die Bezüge an Wochenhilfe anzugeben, die der Wöchnerin satzungsgemäß bereits geleistet worden und noch zu leisten sind.

Die Kommission entscheidet endgültig über den Antrag.

III.

§ 20. Wer dem zur freiwilligen Versicherung oder Weiterversicherung bei einer Krankenkasse nach der Reichsversicherungsordnung berechtigten Personenkreis angehört, genügt der Voraussetzung des § 1 Nr. 2 der Bekanntmachung vom 3. Dezember 1914 auch dadurch, daß er bis zum Eintritt in die Kriegs-, Sanitäts- oder ähnlichen Dienste mindestens ein Jahr hindurch ununterbrochen einer Ersatzkasse oder teils einer Kranken-, teils einer Ersatzkasse angehört hat.

Für die Zeit vor der inzwischen erfolgten Zulassung einer Hilfskasse als Ersatzkasse gilt die Mitgliedschaft bei ihr derjenigen bei einer Ersatzkasse gleich.

IV.

§ 21. Das Reich erstattet den Lieferungsverbänden vierteljährlich nach näherer Bestimmung des Reichskanzlers alle Aufwendungen für die Leistungen, die sie nach diesen Vorschriften zu machen haben.*)

---

*) Hierzu erging folgende Ausführungsverordnung:

Bekanntmachung über die Erstattung der verauslagten Beträge für Wochenhilfe während des Krieges an die Lieferungsverbände. Vom 13. September 1915 (Zentralbl. für das Deutsche Reich S. 373).

Gemäß § 21 der Bekanntmachung, betreffend Ausdehnung der Wochenhilfe während des Krieges, vom 23. April 1915 (Reichs-Gesetzbl. S. 257) wird über die Erstattung der von den Lieferungsverbänden verauslagten Beträge für Wochenhilfe folgendes bestimmt:

§ 1. Die Lieferungsverbände haben ihre Ansprüche auf Erstattung ihrer Auslagen für Wochenhilfe vierteljährlich denjenigen Stellen einzureichen, welchen die Prüfung der festgestellten Beträge für Ansprüche aus Kriegsleistungen obliegt. Diese Stellen haben die Erstattungsansprüche zu

V.

§ 22. Diese Vorschriften treten mit ihrer Verkündung in Kraft, und zwar diejenige des § 20 Abs. 2 mit Wirkung auch für die vorangegangene Zeit.

Wöchnerinnen, die vor dem Tage des Inkrafttretens dieser Bekanntmachung entbunden worden sind, erhalten von diesem Tage ab das Wochengeld auf acht und das Stillgeld auf zwölf Wochen, jedoch in beiden Fällen abzüglich der zwischen dem Tage der Niederkunft und dem des Inkrafttretens liegenden Zeit.

§ 10 der Bekanntmachung vom 28. Januar 1915 gilt entsprechend.

Der Bundesrat behält sich vor, den Zeitpunkt des Außerkrafttretens der vorstehenden Vorschriften zu bestimmen.

8. Bekanntmachung über die Anrechnung von Militärdienstzeiten und die Erhaltung von Anwartschaften in der Invaliden- und Hinterbliebenenversicherung.

Vom 23. Dezember 1915 (RGBl. S. 845).

§ 1. Während des gegenwärtigen Krieges in deutschen oder österreichisch-ungarischen Diensten zurückgelegte Militärdienstzeiten (§ 1393 Abs. 1 Nr. 1 und 2 der Reichsversicherungsordnung) werden Versicherten, deren Anwartschaft aufrechterhalten ist oder gemäß dieser Verordnung aufrechterhalten wird, welche aber die Voraussetzung des § 1393 Abs. 2 der Reichsversicherungsordnung

---

prüfen und nach erfolgter Prüfung Zahlungsanweisung zu erteilen. Die Belege sind den Lieferungsverbänden zurückzugeben, welche sie bis nach Beendigung der Prüfung durch den Rechnungshof des Deutschen Reichs aufzubewahren haben

§ 2. Die prüfenden Stellen haben die verauslagten Beträge der Reichshauptkasse zur Erstattung anzumelden. Die Anmeldung ist unter Beifügung der Quittungen der Lieferungsverbände über den Empfang der von ihnen gezahlten Beträge für Wochenhilfe beim Reichsamt des Innern einzureichen.

nicht erfüllt haben, als Zeiten freiwilliger Versicherung angerechnet, ohne daß Beiträge entrichtet zu werden brauchen. Dabei gelten die entsprechenden Wochen, wenn zuletzt vorher, nicht nur vorübergehend, gültige Selbstversicherungsbeiträge entrichtet wurden, als Selbstversicherungsbeiträge, andernfalls je nach der Art der zuletzt vorher gültig entrichteten Beiträge als zur fortgesetzten Selbstversicherung oder zur Weiterversicherung geleistete Wochenbeiträge der Lohnklasse II.

§ 2. Soweit während des gegenwärtigen Krieges die Beitragsleistung zur Invaliden- und Hinterbliebenenversicherung infolge von Maßnahmen feindlicher Staaten gehindert ist, dürfen für Versicherte deutscher und österreichisch-ungarischer Staatsangehörigkeit Beiträge, deren Entrichtung wegen Ablaufs der in den §§ 1442, 1443, 1444 Abs. 2 der Reichsversicherungsordnung vorgesehenen Fristen unzulässig sein würde, noch bis zum Schlusse desjenigen Kalenderjahres nachentrichtet werden, das dem Jahre folgt, in dem der Krieg beendet ist.

Für freiwillige Beiträge, die beim Eintritt der Behinderung wirksam nachentrichtet werden konnten, gilt der Abs. 1 nur in dem Umfang, in dem sie zur Aufrechterhaltung der Anwartschaft (§§ 1280, 1282 der Reichsversicherungsordnung) erforderlich sind.

In demselben Umfang ist die Nachentrichtung freiwilliger Beiträge in den Fällen der vorhergehenden Absätze auch nach eingetretener Invalidität zulässig.

§ 3. Für Versicherte, die während des gegenwärtigen Krieges in deutschen oder österreichisch-ungarischen Diensten militärische Dienstleistungen verrichten, dürfen Beiträge, die bei dem Beginne der Dienstleistungen noch wirksam nachentrichtet werden konnten, wenn es sich um Pflichtbeiträge handelt, in dem nach § 2 Abs. 1, wenn es sich um freiwillige Beiträge handelt, in dem nach § 2 Abs. 2 und 3 zulässigen Umfang nachentrichtet werden.

§ 4. Die Verjährung nach § 29 Abs. 1 der Reichsversicherungsordnung läuft bei rückständigen Pflichtbeiträgen nicht vor dem

Zeitpunkt ab, bis zu dem sie gemäß den §§ 2, 3 nachentrichtet werden dürfen.

§ 5. Die Nachentrichtung freiwilliger Beiträge gemäß § 2 Abs. 2 und 3 und § 3 ist nur in der ersten oder zweiten Lohnklasse zulässig.

Bezüglich der Entrichtung höherer als der gesetzlichen Beiträge für Zeiten versicherungspflichtiger Beschäftigung verbleibt es bei den bestehenden Vorschriften.

§ 6. Beiträge, welche für die nach § 1 anrechnungsfähigen Militärdienstzeiten zur fortgesetzten Selbstversicherung oder zur Weiterversicherung geleistet worden sind, werden dem Versicherten ohne Zinsen erstattet, wenn dies bis zu dem im § 2 Abs. 1 bezeichneten Zeitpunkt beantragt wird. Bei Streitigkeiten gelten die §§ 1459, 1462, 1463 der Reichsversicherungsordnung entsprechend.

Wird auf die Erstattung verzichtet oder die Antragsfrist nicht wahrgenommen, so bleibt § 1 für die durch Beiträge belegten Zeiten außer Anwendung, sofern dies für den Versicherten günstiger ist.

§ 7. Die Vorschrift des § 1420 Satz 2 der Reichsversicherungsordnung steht den Versicherten in den Fällen der §§ 2, 3 nicht entgegen, wenn der Umtausch der Quittungskarte bis zu dem im § 2 Abs. 1 angegebenen Zeitpunkt nachgeholt wird.

§ 8. Diese Verordnung tritt mit Wirkung vom 1. August 1914 in Kraft.

Soweit ihre Vorschriften hiernach anzuwenden sind, bildet ihre Nichtanwendung auch dann einen Revisionsgrund (§ 1697 der Reichsversicherungsordnung), wenn das Oberversicherungsamt sie noch nicht anwenden konnte.

Soweit vor ihrem Inkrafttreten Ansprüche rechtskräftig abgewiesen worden sind, während sie nach Maßgabe der Vorschriften dieser Verordnung begründet sein würden, bildet die Nichtanwendung dieser Vorschriften einen Grund zur Wiederaufnahme des Verfahrens im Sinne der §§ 1722 ff. der Reichsversicherungsordnung.

9. Bekanntmachung, betreffend Anrechnung militärischer Dienstleistungen in der Angestelltenversicherung.

Vom 18. März 1915 (RGBl. S. 181).

Die auf Militärdienstzeiten bezüglichen Vorschriften des § 51 Nr. 1, 2, § 54 Abs. 1 des Versicherungsgesetzes für Angestellte vom 20. Dezember 1911 (Reichs-Gesetzbl. S. 989)*) gelten entsprechend für Militärdienstzeiten, die während des gegenwärtigen Krieges in österreichisch-ungarischen Diensten zurückgelegt worden sind oder noch werden.

10. Bekanntmachung, betreffend die Angestelltenversicherung während des Krieges.

Vom 26. August 1915 (RGBl. S. 531).

I.

§ 1. Die Zeiten, in denen Versicherte im gegenwärtigen Kriege dem Deutschen Reiche oder der Österreichisch-Ungarischen Monarchie Kriegs-, Sanitäts- oder ähnliche Dienste geleistet haben, werden, soweit sie in vollen Kalendermonaten bestehen, auf die Wartezeiten und bei Berechnung der Versicherungsleistungen an Ruhegeld und Hinterbliebenenrenten nach dem Versicherungsgesetze für Angestellte als Beitragszeiten angerechnet, ohne daß Beiträge entrichtet zu werden brauchen.**)

---

*) § 51: Als Beitragsmonate im Sinne der §§ 15, 49 werden die Kalendermonate angerechnet, in denen der Versicherte

1. zur Erfüllung der Wehrpflicht in Friedens-, Mobilmachungs- oder Kriegszeiten eingezogen gewesen ist,
2. in Mobilmachungs- oder Kriegszeiten freiwillig militärische Dienstleistungen verrichtet hat.

§ 54: Geleistete Militärdienste werden durch die Militärpapiere nachgewiesen.

**) Diese Art der Anrechnung der Kriegsmonate als Beitragsmonate ist für die Reichsversicherungsanstalt von ganz erheblicher finanzieller Be-

§ 2. Für die Anrechnung ist die Gehaltsklasse des letzten dem 1. August 1914 vorhergehenden Monats maßgebend, für den ein Pflichtbeitrag entrichtet ist. Für Angestellte, die erst nach dem 31. Juli 1914 versicherungspflichtig geworden sind, ist der letzte Pflichtbeitrag maßgebend, der vor Antritt der im § 1 bezeichneten Dienste geleistet worden ist.

Sind in dem in Betracht kommenden Monat nur Beiträge nach § 177 des Versicherungsgesetzes für Angestellte geleistet, so ist die Gehaltsklasse E maßgebend.

In den Fällen des § 390 des Versicherungsgesetzes für Angestellte wird nur der Arbeitgeberbeitrag angerechnet.

§ 3. Die im § 1 bezeichneten Dienste werden durch die Militärpapiere nachgewiesen.

§ 4. Beiträge, die für die im § 1 bezeichneten Zeiten entrichtet worden sind, werden, soweit sie nicht nach § 398 des Versicherungsgesetzes für Angestellte zurückerstattet sind, dem Arbeitgeber auf seinen Antrag ohne Zinsen zurückgezahlt; der Arbeitgeber hat dem Angestellten den von ihm eingezogenen Beitragsteil zu erstatten.

Der Antrag auf Rückerstattung von Beiträgen ist spätestens sechs Monate nach Ablauf des Monats zu stellen, in welchem der Frieden geschlossen worden ist. Beim Fehlen eines Friedensschlusses beginnt der Lauf der Frist mit dem Schlusse desjenigen Jahres, in welchem der Krieg beendet ist.

Ist der Antrag innerhalb der Frist nicht gestellt oder wird er abgelehnt, so verbleiben die Beiträge dem Konto des Angestellten;

---

deutung. Nach den Ermittelungen in den Amtlichen Nachrichten der Reichsversicherungsanstalt usw. 1914 S. 259 handelt es sich um eine monatliche Beitragssumme von mindestens 5 304 000 Mark, so daß in den ersten 15 Kriegsmonaten ein Gesamtbetrag von mindestens rund 80 000 000 Mark in Frage kommt. Hierzu kommt noch die Rückzahlung der bisher geleisteten Beiträge (zu vergl. §§ 1 bis 6 der obigen Bekanntmachung). (Denkschrift, Reichst.-Drucks., 13. Leg.-Per., II. Sess. 1914/15, Nr. 147 S. 111).

eine Anrechnung der Kriegsmonate als Beitragszeiten nach § 1 findet insoweit nicht statt.

Für die Entscheidung von Streitigkeiten über die Rückerstattung von Beiträgen gelten die §§ 210 ff. des Versicherungsgesetzes für Angestellte entsprechend.

§ 5. Die vorstehenden Bestimmungen gelten entsprechend für die Fälle der freiwilligen Versicherung. Rückzahlungen nach § 4 werden auf Antrag an den Versicherten geleistet.

§ 6. Diese Verordnung gilt nicht für solche Versicherte, welche in dem nach §§ 2, 5 maßgebenden Monat bei einer zugelassenen Ersatzkasse (§§ 372 ff. des Versicherungsgesetzes für Angestellte) versichert waren.

II.

§ 7. Die auf Militärdienstzeiten bezüglichen Vorschriften des § 51 Nr. 1, 2 des Versicherungsgesetzes für Angestellte gelten entsprechend für die Zeiten, in welchen der Versicherte während des gegenwärtigen Krieges sich in feindlicher Gefangenschaft befindet, ohne daß die Voraussetzungen des § 51 Nr. 1, 2 vorliegen.

III.

§ 8. Versicherte, die während des gegenwärtigen Krieges infolge von Maßnahmen feindlicher Staaten verhindert sind, Beiträge zur freiwilligen Fortsetzung der Versicherung oder die Anerkennungsgebühr für die Aufrechterhaltung der erworbenen Anwartschaften (§ 15 des Versicherungsgesetzes für Angestellte) einzuzahlen, können die Beiträge und die Anerkennungsgebühr abweichend vom § 201 des Gesetzes nachzahlen. Die Nachzahlung hat spätestens bis zum Ablauf desjenigen Kalenderjahrs zu erfolgen, welches dem Jahre folgt, in welchem der Krieg beendet ist.

§ 9. Bezieht ein Versicherter während des gegenwärtigen Krieges infolge einer Betriebseinschränkung ein geringeres Entgelt als bisher oder wird er infolge einer Betriebseinstellung stellenlos, so kann er für die Kriegsmonate Beiträge bis zu dem Betrag entrichten, welcher dem Durchschnitt der letzten sechs vor der Betriebseinschränkung oder -einstellung entrichteten Pflichtbeiträge entspricht. Die Mehrbeträge sind spätestens bis zum Ablauf desjenigen Kalenderjahrs zu entrichten, welches dem Jahre folgt, in welchem der Krieg beendet ist.

IV.

§ 10. Die nach § 392 Abs. 3 Nr. 3 des Versicherungsgesetzes für Angestellte an die Reichsversicherungsanstalt für Angestellte abgetretenen Versicherungsbeträge, die infolge von Kriegstodesfällen während des gegenwärtigen Krieges fällig geworden sind oder noch werden, sind an die Hinterbliebenen der Kriegsteilnehmer nach Abzug der von der Reichsversicherungsanstalt für Angestellte an die Lebensversicherungsunternehmungen weitergezahlten Beiträge zuzüglich 3½ vom Hundert Zinsen und Zinseszinsen zu erstatten.

§ 11. Anspruchsberechtigt sind die im § 60 Abs. 2 des Versicherungsgesetzes für Angestellte bezeichneten Personen.

§ 12. Die Übertragung, Verpfändung und Pfändung dieser Ansprüche ist nur in dem im § 93 des Versicherungsgesetzes für Angestellte vorgeschriebenen Umfang zulässig.

§ 13. Der Anspruch auf Erstattung verfällt, wenn er nicht innerhalb eines Jahres nach dem Tode des Versicherten, in den Fällen, in welchen der Tod vor dem Inkrafttreten dieser Verordnung eingetreten ist, nicht innerhalb eines Jahres nach dem Inkrafttreten dieser Verordnung geltend gemacht worden ist.

§ 14. Für das Verfahren bei Feststellung der Erstattungsansprüche und bei Entscheidung von Streitigkeiten gelten die Vorschriften des Versicherungsgesetzes für Angestellte (§§ 229 ff.) entsprechend.

V.

§ 15. Die im § 395 des Versicherungsgesetzes für Angestellte bestimmte Frist, innerhalb welcher eine Abkürzung der Wartezeit zum Bezuge der Leistungen dieses Gesetzes gestattet werden kann, wird für Kriegsteilnehmer bis zum Schlusse desjenigen Kalenderjahrs verlängert, welches auf das Jahr folgt, in welchem der Krieg beendet ist.*)

*) Vgl. hierzu die folgende Bekanntmachung (Nr. 11).

VI.

§ 16. Diese Verordnung tritt mit dem Tage der Verkündung in Kraft. Die Bestimmungen in den §§ 1 bis 12 gelten für die Zeit vom 1. August 1914 an.

11. Bekanntmachung, betreffend Abkürzung der Wartezeit in der Angestelltenversicherung.

Vom 9. Dezember 1915 (RGBl. S. 815).

Die im § 395 des Versicherungsgesetzes für Angestellte bestimmte Frist, innerhalb welcher eine Abkürzung der Wartezeit zum Bezuge der Leistungen dieses Gesetzes gestattet werden kann, wird für alle Personen, die vor dem 1. Januar 1916 zu den Angestellten im Sinne des § 395 gehören, bis zum Schlusse desjenigen Kalenderjahrs verlängert, welches auf das Jahr folgt, in welchem der Krieg beendet ist.*)

12. Bekanntmachung, betreffend die Wahlen nach der Reichsversicherungsordnung.

Vom 12. August 1915 (RGBl. S. 497).

§ 1. Soweit die Amtsdauer der Vertreter der Unternehmer oder anderen Arbeitgeber sowie der Versicherten bei Versicherungsbehörden und Versicherungsträgern vor dem 31. Dezember 1916 abläuft, wird sie bis zu dem Zeitpunkt, an welchem die nach den Vorschriften der Reichsversicherungsordnung zu wählenden Vertreter ihr Amt antreten, jedoch längstens bis zum 31. Dezember 1916 verlängert. Dies gilt auch für die erst auf Grund der Vorschriften der Reichsversicherungsordnung gewählten Vertreter sowie für die nichtständigen Mitglieder des Reichsversicherungsamts und der Landesversicherungsämter.

§ 2. Die Vorschriften der § 50 Abs. 2, § 76 Satz 1, § 95, § 1350 Abs. 2 der Reichsversicherungsordnung über die Berufung von

*) Vergl. den § 15 der vorhergehenden Bekanntmachung (Nr. 10).

Vertretern durch die Vorsitzenden von Versicherungsbehörden gelten auch für die Ergänzung einer nicht mehr ausreichenden Zahl der gewählten Vertreter.

Für die Sonderanstalten werden in solchen Fällen die Vertreter von der Aufsichtsbehörde berufen. Etwa fehlende Vertreter der Versicherten für die Unfallverhütung werden von der Aufsichtsbehörde der beteiligten Berufsgenossenschaft berufen.

§ 3. Diese Verordnung tritt mit dem Tage der Verkündung in Kraft.

V.

Verlängerung der Fristen des Wechsel- und Scheckrechts.

1. Bekanntmachung, betreffend die Fristen des Wechsel- und Scheckrechts für Elsaß-Lothringen, Ostpreußen usw.

Vom 21. Januar 1915 (RGBl. S. 32).

— Verlängerte die Frist des § 1 II der Bek. v. 17. Dezbr. 1914 (RGBl. S. 519) auf 31. März. Außer Kraft durch folgende Bek. Nr. 2. —

2. Bekanntmachung, betreffend die Fristen des Wechsel- und Scheckrechts für Elsaß-Lothringen, Ostpreußen usw.

Vom 4. März 1915 (RGBl. S. 129).

§ 1. Für solche Wechsel oder Schecks, die in Elsaß-Lothringen, in der preußischen Provinz Ostpreußen oder in Westpreußen in den Kreisen Marienburg, Elbing Stadt und Land, Stuhm, Marienwerder, Rosenberg, Graudenz Stadt und Land, Löbau, Culm, Briesen, Strasburg, Thorn Stadt und Land zahlbar sind, sowie für solche im Stadtkreis Danzig zahlbare gezogene Wechsel, die als Wohnort des Bezogenen einen Ort angeben, der in Ostpreußen oder in einem der bezeichneten westpreußischen Kreise gelegen ist, werden in Ansehung der Fristen für die Vornahme einer Handlung, deren es zur Ausübung oder Erhaltung des Wechselrechts oder des Regreßrechts aus dem Scheck bedarf, soweit die Fristen nicht am 31. Juli 1914 schon abgelaufen waren, die nachstehenden Bestimmungen getroffen:

I. Die Bekanntmachung vom 17. Dezember 1914 (Reichs-Gesetzbl. S. 519)*), mit Ausnahme der Bestimmung des § 1 Nr. I über die Aufhebung früherer Vorschriften, sowie die Bekanntmachung vom 21. Januar 1915 (Reichs-Gesetzbl. S. 32) tritt außer Kraft.**)

II. Die Fristen laufen, soweit sich nicht aus anderen Vorschriften ein späterer Ablauf ergibt, mit dem 31. Mai 1915 ab.

§ 2. Die Vorschriften dieser Verordnung finden keine Anwendung auf die Frist, innerhalb deren nach den gesetzlichen Vorschriften der Regreßpflichtige von der Nichtzahlung des Wechsels oder Schecks zu benachrichtigen ist.

§ 3. Diese Verordnung tritt mit dem Tage der Verkündung in Kraft.

3. Bekanntmachung,

betreffend die Fristen des Wechsel- und Scheckrechts für Elsaß-Lothringen, Ostpreußen usw.

Vom 17. Mai 1915 (RGBl. S. 284).

Artikel 1.

Für solche Wechsel oder Schecks, die in Elsaß-Lothringen oder in den nachbenannten Teilen Ostpreußens zahlbar sind:

Regierungsbezirke Allenstein und Gumbinnen, Kreise Gerdauen und Memel,

wird der § 1 Nr. II der Bekanntmachung, betreffend die Fristen des Wechsel- und Scheckrechts für Elsaß-Lothringen, Ostpreußen usw. vom 4. März 1915 (Reichs-Gesetzbl. S. 129), dahin geändert, daß die Fristen frühestens mit dem 31. Juli 1915 ablaufen.

*) S. Kriegs-Zivil- u. Finanzgesetze (Guttentagsche Sammlung deutscher Reichsgesetze Nr. 116) S. 120.

**) oben Bekanntmachung Nr. 1.

Das gleiche gilt für solche in anderen Teilen Ostpreußens oder im Stadtkreis Danzig zahlbare gezogene Wechsel, die als Wohnort des Bezogenen einen Ort angeben, der in den im Abs. 1 bezeichneten Teilen Ostpreußens gelegen ist.

Artikel 2.

Diese Verordnung tritt mit dem Tage der Verkündung in Kraft.

4. Bekanntmachung, betreffend Aufhebung der für die Fristen des Wechsel- und Scheckrechts angeordneten dreißigtägigen Verlängerung.

Vom 17. Mai 1915 (RGBl. S. 284).

Die in der Verordnung, betreffend Verlängerung der Fristen des Wechsel- und Scheckrechts, vom 6. August 1914 (Reichs-Gesetzbl. S. 357)*) angeordnete dreißigtägige Verlängerung der Fristen für die Vornahme einer Handlung, deren es zur Ausübung oder Erhaltung des Wechselrechts oder des Regreßrechts aus dem Scheck bedarf, tritt am 30. Juni 1915 in der Weise außer Kraft, daß eine an diesem Tage laufende Verlängerung mit dem Ablauf dieses Tages endet.

5. Bekanntmachung, betreffend die Fristen des Wechsel- und Scheckrechts für Elsaß-Lothringen, Ostpreußen usw.

Vom 22. Juli 1915 (RGBl. S. 450).

— Ersetzt durch die folgende Bek. Nr. 6. —

6. Bekanntmachung, betreffend die Fristen des Wechsel- und Scheckrechts für Elsaß-Lothringen, Ostpreußen usw.

Vom 21. Oktober 1915 (RGBl. S. 677).

— Verlängert die Frist des Art. 1 der Bek. v. 17. Mai 1915 (oben Nr. 3) bis 31. Januar 1916. —

*) S. Kriegs-Zivil- u. Finanzgesetze (Guttentagsche Sammlung deutscher Reichsgesetze Nr. 116) S. 118.

VI.

Auslandswechsel-Moratorium und Ansprüche von Personen, die im Ausland ihren Wohnsitz haben.

1. Bekanntmachung über die Fälligkeit im Ausland ausgestellter Wechsel.

Vom 18. Januar 1915 (RGBl. S. 23).

§ 1. Die Fälligkeit von Wechseln, deren Fälligkeit durch die Bekanntmachungen vom 10. August und 22. Oktober 1914 (Reichs-Gesetzbl. S. 368, 448)*) um sechs Monate hinausgeschoben ist, wird um weitere drei Monate hinausgeschoben.

Eine Verpflichtung zur Entrichtung des weiteren Wechselstempels nach § 3 Abs. 2 des Wechselstempelgesetzes wird durch die Hinausschiebung der Fälligkeit nicht begründet. Bei Anwendung der Vorschriften des § 13 Nr. 2 und des § 17 des Bankgesetzes bleibt die Hinausschiebung außer Betracht.

§ 2. Zu der in der Bekanntmachung vom 22. Oktober 1914 vorgesehenen Erhöhung der ursprünglichen Wechselsumme um die Zinsen für sechs Monate tritt — unbeschadet der Vorschriften des § 3 — eine Erhöhung der ursprünglichen Wechselsumme um sechs Prozent jährlicher Zinsen für weitere drei Monate hinzu, wenn der wechselmäßig legitimierte Inhaber des Wechsels den Bezogenen in der Woche vor dem aus der Bekanntmachung vom 22. Oktober 1914 sich ergebenden Zahlungstage schriftlich benachrichtigt, daß er den Wechsel in Händen hat; es genügt, wenn das Benachrichtigungsschreiben vor dem bezeichneten Tage zur Post gegeben ist. Bei domizilierten Wechseln ist der Domiziliat, bei Wechseln, deren Zahlung am Wohnort des Bezogenen durch eine andere Person erfolgen soll, ist diese zu benachrichtigen. Der Empfang der Benachrichtigung ist unverzüglich zu bestätigen.

---

*) S. Kriegs-Zivil u. Finanzgesetze (Guttentagsche Sammlung deutscher Reichsgesetze Nr. 116) S. 121/22.

Hinsichtlich des Nachweises, daß die Benachrichtigung erfolgt ist, findet Artikel 46 Satz I der Wechselordnung Anwendung. Auch genügt im Wechselprozesse zur Berücksichtigung des Anspruchs auf die weitere Erhöhung der Wechselsumme die Glaubhaftmachung, daß die Benachrichtigung erfolgt ist.

§ 3. Der Bezogene ist berechtigt, den Wechsel an dem aus der Bekanntmachung vom 22. Oktober 1914 sich ergebenden Zahlungstag oder innerhalb einer Woche nach diesem Zahlungstag im Geschäftslokal und in Ermangelung eines solchen in der Wohnung des Gläubigers einzulösen; bei einer solchen Einlösung braucht der Zinsenzuschlag nur für die Zeit bis zur Einlösung entrichtet zu werden. Macht der Bezogene eine Teilzahlung, so ist der Zinsenzuschlag für die Zeit nach dieser Zahlung nur auf den nichtgezahlten Betrag zu entrichten; die geleistete Zahlung ist zunächst auf die bis zur Zahlung aufgelaufenen Zinsen anzurechnen.

§ 4. Für Wechsel, bei denen die Zeit der Vorlage zur Zahlung und der Protesterhebung durch die Bekanntmachungen, betreffend Zahlungsverbot gegen England, Frankreich und Rußland, vom 30. September, 20. Oktober und 19. November 1914 (Reichs-Gesetzbl. S. 421, 443, 479) hinausgeschoben ist, bewendet es bei den Vorschriften dieser Bekanntmachungen. Bei solchen Wechseln findet die Erhöhung der Wechselsumme, die in den Bekanntmachungen vom 12. August und vom 22. Oktober 1914 und der gegenwärtigen Verordnung vorgesehen ist, nicht statt.

§ 5. Diese Verordnung tritt mit dem Tage der Verkündung in Kraft.

2. Bekanntmachung über die Geltendmachung von Ansprüchen von Personen, die im Ausland ihren Wohnsitz haben.

Vom 21. Januar 1915 (RGBl. S. 31).

— Dehnte die Frist*) bis 30. April 1915 aus, ersetzt durch die Bek. unten Nr. 8. —

---

*) S. Kriegs-Zivil- u. Finanzgesetze (Guttentagsche Sammlung deutscher Nr. 116) S. 125.

3. Bekanntmachung,

betreffend die Bilanzen von Aktiengesellschaften usw., die Vermögen im Ausland oder in den Schutzgebieten haben.

Vom 25. Februar 1915 (RGBl. S. 123).

§ 1. Läßt sich bei einer Aktiengesellschaft, Kommanditgesellschaft auf Aktien oder Gesellschaft mit beschränkter Haftung, die ihr Geschäft zu einem erheblichen Teile in oder mit dem Ausland oder den deutschen Schutzgebieten betreibt oder von deren Vermögen sich erhebliche Teile dort befinden, infolge der durch den Krieg herbeigeführten Unsicherheit über die dortigen tatsächlichen oder rechtlichen Verhältnisse der Stand des Vermögens und der Schulden, auch mit Hilfe von Schätzungen, nicht darstellen, so kann auf Antrag der Gesellschaft die Landeszentralbehörde, in deren Bezirke die Gesellschaft ihren Sitz hat, die Frist, innerhalb deren nach dem Gesetz oder dem Gesellschaftsvertrage die Bilanz, die Gewinn- und Verlustrechnung und der Geschäftsbericht aufzustellen sowie dem Aufsichtsrate, der Generalversammlung oder Gesellschafterversammlung vorzulegen sind, verlängern oder für das abgelaufene Geschäftsjahr von der Verpflichtung zur Aufstellung und Vorlegung Befreiung gewähren. Die Landeszentralbehörde kann auf Antrag auch für die Abhaltung der im Gesellschaftsvertrage vorgesehenen ordentlichen Generalversammlung oder Gesellschafterversammlung Fristverlängerung oder Befreiung gewähren.

Die Entscheidung der Landeszentralbehörde ist für die Gerichte bindend.

§ 2. Die Vorschriften des § 1 finden auf Gesellschaften, denen nach § 11 des Schutzgebietsgesetzes (Reichs-Gesetzbl. 1900 S. 813) die Rechtsfähigkeit verliehen ist, entsprechende Anwendung.

Die Entscheidung über den Antrag erfolgt bei ihnen durch den Reichskanzler. Das gleiche gilt für Gesellschaften der im § 1 bezeichneten Art, die ihren Sitz in den Schutzgebieten oder in den Konsulargerichtsbezirken haben.

§ 3. Diese Verordnung tritt mit dem Tage der Verkündung in Kraft. Der Reichskanzler bestimmt, wann sie außer Kraft tritt.

4. Bekanntmachung
über die Geltendmachung von Ansprüchen von Personen, die in Oesterreich-Ungarn ihren Wohnsitz haben.

Vom 20. April 1915 (RGBl. S. 231).

Auf Grund des § 1 Abs. 2 Satz 1 der Bekanntmachung über die Geltendmachung von Ansprüchen von Personen, die im Ausland ihren Wohnsitz haben, vom 7. August 1914 (Reichs-Gesetzbl. S. 360)*), wird zugunsten der Personen, die in Österreich-Ungarn ihren Wohnsitz haben, sowie der juristischen Personen, die dort ihren Sitz haben, eine Ausnahme von den Vorschriften im § 1 Abs. 1 der Bekanntmachung zugelassen.

5. Bekanntmachung
über die Geltendmachung von Ansprüchen von Personen, die im Ausland ihren Wohnsitz haben.

Vom 22. April 1915 (RGBl. S. 236).

— Dehnte die Frist (s. oben Nr. 2) bis 31. Juli 1915 aus — ersetzt durch die Bek. unten Nr. 8. —

6. Bekanntmachung
über die Geltendmachung von Ansprüchen von Personen, die in der Schweiz ihren Wohnsitz haben.

Vom 25. Juni 1915 (RGBl. S. 361).**)

Auf Grund des § 1 Abs. 2 Satz 1 der Bekanntmachung über die Geltendmachung von Ansprüchen von Personen, die im Aus-

*) S. Kriegs-Zivil- u. Finanzgesetze (Guttentagsche Sammlung deutscher Nr. 116) S. 125.

**) Siehe die Bekanntmachung oben Nr. 4.

land ihren Wohnsitz haben, vom 7. August 1914 (Reichs-Gesetzbl. S. 360),*) wird zugunsten der Personen, die in der Schweiz ihren Wohnsitz haben, sowie der juristischen Personen, die dort ihren Sitz haben, eine Ausnahme von den Vorschriften im § 1 Abs. 1 der Bekanntmachung zugelassen. Die Ausnahme gilt nicht für Angehörige Großbritanniens und Irlands, Frankreichs, Rußlands und Finnlands sowie der Kolonien oder auswärtigen Besitzungen dieser Staaten.

7. Bekanntmachung über die Geltendmachung von Ansprüchen von Personen, die im Ausland ihren Wohnsitz haben.

Vom 22. Juli 1915 (RGBl. S. 451).

— Dehnte die Frist (s. oben Nr. 5) bis 31. Okt. 1915 aus — ersetzt durch die Bek. unten Nr. 8. —

8. Bekanntmachung über die Geltendmachung von Ansprüchen von Personen, die im Ausland ihren Wohnsitz haben.

Vom 21. Oktober 1915 (RGBl. S. 679).

Die Wirksamkeit der Bekanntmachungen über die Geltendmachung von Ansprüchen von Personen, die im Ausland ihren Wohnsitz haben, vom 7. August 1914, 22. Oktober 1914, 21. Januar 1915, 22. April 1915 und 22. Juli 1915 (Reichs-Gesetzbl. 1914 S. 360, 449; 1915 S. 31, 236, 451)**) wird in der Weise ausgedehnt, daß an die Stelle des 31. Oktober 1915 der 31. Januar 1916 tritt.

*) Siehe die Bekanntmachung oben Nr. 4.

**) Siehe die Bekanntmachungen oben Nr. 2, 5 und 7.

VII.
Bewilligung von Zahlungsfristen
(Individuelles Moratorium).

1. Bekanntmachung, betreffend Aenderungen der Verordnungen des Bundesrats vom 7. August 1914 (Reichs-Gesetzbl. S. 359), 18. August 1914 (Reichs-Gesetzbl. S. 377) und 22. Dezember 1914 (Reichs-Gesetzbl. S. 543).

Vom 20. Mai 1915 (RGBl. S. 288).

Artikel 1.

Die Verordnung über die gerichtliche Bewilligung von Zahlungsfristen vom 7. August 1914 (Reichs-Gesetzbl. S. 359)*) wird dahin geändert:**)

---

*) S. Kriegs-Zivil- u. Finanzgesetze (Guttentagsche Sammlung deutscher Reichsgesetze Nr. 116) S. 126.

**) Die Gründe der Änderung dieser Verordnung vom 7. August 1914 werden in der dem Reichstag vorgelegten Denkschrift über wirtschaftliche Maßnahmen aus Anlaß des Krieges (Reichst.-Drucks., 13. Leg.-Per., II. Sess. 1914/15, Nr. 107 S. 5) wie folgt angegeben:

„Während der § 1 der Verordnung sich bewährt hat und in weitem Umfang zur Anwendung gekommen ist, hat der § 2 praktische Bedeutung kaum erlangt. Dies ist im wesentlichen darauf zurückzuführen, daß die Entscheidung nach § 2 nur in einem auf Antrag des Gläubigers zu erlassenden Anerkenntnisurteil ergehen kann, der Gläubiger ist infolgedessen in der Lage, den vom Schuldner erstrebten Zweck durch das Ausbleiben in dem Termin oder durch die Unterlassung des Antrags zu vereiteln. Weitere Schwierigkeiten haben sich daraus ergeben, daß in allen Fällen eine mündliche Verhandlung vor Gericht erforderlich ist und daß die Kosten des Verfahrens im Falle der Zuziehung von Anwälten eine erhebliche Höhe erreichen können. Das Bedürfnis, den § 2 in einer für die praktische Handhabung geeigneteren Weise umzugestalten, ist namentlich in Ansehung der Hypothekenforderungen hervorgetreten. Die Bekanntmachung vom 20. Mai 1915 kommt diesem Bedürfnis entgegen. Sie sieht an Stelle des § 2 ein beschleunigtes und einfaches Beschlußverfahren vor, das ohne mündliche Verhandlung zulässig ist und nur geringe Kosten verursacht. Daneben sind einige weitere Veränderungen der Verordnung vom 7. August 1914 vorgenommen, die sich in der Praxis als zweckmäßig erwiesen haben."

1. Hinter § 1 wird folgender § 1a eingestellt:

Im Mahnverfahren kann der Schuldner für eine Forderung, die er anerkennt, die Bestimmung einer Zahlungsfrist beantragen, solange der Vollstreckungsbefehl noch nicht verfügt ist; die Dauer der Frist ist in dem Antrag zu bezeichnen. Abschrift des Antrags ist dem Gläubiger zuzustellen. Erklärt er sich mit der Bestimmung der beantragten Frist einverstanden, so ist in dem Vollstreckungsbefehle die Vollstreckung von dem Ablauf der Frist abhängig zu machen. Verweigert er die Zustimmung, so gilt der Antrag des Schuldners als Widerspruch gegen den Zahlungsbefehl.

Die Frist beginnt mit dem Tage, an dem der Zahlungsbefehl erlassen ist.

2. Als § 1b wird folgende Vorschrift eingestellt:

Wird ein Anerkenntnisurteil nur wegen der Zahlungsfrist angefochten, so erfolgt die Anfechtung durch sofortige Beschwerde.

3. An die Stelle des § 2 tritt folgende Vorschrift:

Auf Antrag des Schuldners kann das Amtsgericht, bei dem der Gläubiger seinen allgemeinen Gerichtsstand hat, für eine Forderung, die der Schuldner anerkennt, eine Zahlungsfrist bewilligen. Die Entscheidung, die ohne vorgängige mündliche Verhandlung ergehen kann, erfolgt durch Beschluß. Vor der Entscheidung ist der Gläubiger zu hören. Der Antrag ist abzulehnen, wenn die Forderung rechtshängig oder vollstreckbar ist. In dem Beschlusse, durch den die Zahlungsfrist bewilligt wird, ist die Verpflichtung des Schuldners zur Zahlung der anerkannten Forderung auszusprechen. Die Vorschriften des § 1 gelten entsprechend.

Gegen den Beschluß findet sofortige Beschwerde statt.

4. Im § 3 wird

a) im Abs. 1 als Satz 2 eingeschaltet:

Die Einstellung ist auch vor dem Beginne der Vollstreckung zulässig.

b) im Abs. 2 zwischen „§§ 1" und „2" eingeschaltet: 1a.

5. Im § 4
   a) wird der Abs. 2 gestrichen;
   b) werden als Abs. 2 und 3 folgende Vorschriften eingefügt:

Wird durch Endurteil über die Bewilligung einer Zahlungsfrist entschieden oder in einem Vergleich eine Zahlungsfrist bewilligt, so bleiben für die Berechnung der Gerichts- und Anwaltsgebühren die nur auf die Zahlungsfrist sich beziehenden Verhandlungen und Entscheidungen außer Betracht.

In den Fällen der §§ 2 und 3 betragen die Gerichts- und Anwaltsgebühren zwei Zehnteile des Satzes des § 8 des Gerichtskostengesetzes und des § 9 der Gebührenordnung für Rechtsanwälte. Der Wert des Streitgegenstandes ist von dem Gerichte nach freiem Ermessen, höchstens jedoch auf den zwanzigsten Teil der Forderung festzusetzen.

Artikel II.

In § 1 Abs. 3 der Verordnung über die Folgen der nicht rechtzeitigen Zahlung einer Geldforderung vom 18. August 1914 (Reichs-Gesetzbl. S. 377)*) werden hinter den Worten „die Vorschriften des § 2" die Worte eingeschaltet:

und des § 4 Abs. 2, 3.

Artikel III.

Die Verordnung, betreffend die Bewilligung von Zahlungsfristen bei Hypotheken und Grundschulden, vom 22. Dezember 1914 (Reichs-Gesetzbl. S. 543)**) wird dahin geändert:

Im § 2 wird

a) dem Abs. 1 folgender Satz 2 angefügt:

Die Einstellung kann mehrfach erfolgen; sie ist auch zulässig, wenn eine Zahlungsfrist bereits bestimmt ist.

b) der Abs. 2 gestrichen.

*) S. Kriegs-Zivil- u. Finanzgesetze (Guttentagsche Sammlung deutscher Reichsgesetze Nr. 116) S. 127.

**) S. ebenda S. 128.

Artikel IV.

Soweit in Verordnungen auf Vorschriften verwiesen ist, die durch diese Verordnung außer Kraft gesetzt sind, treten an deren Stelle die entsprechenden Vorschriften dieser Verordnung.

Artikel V.

Der Reichskanzler wird ermächtigt, die Texte

1. der Verordnung über die gerichtliche Bewilligung von Zahlungsfristen vom 7. August 1914 (Reichs-Gesetzbl. S. 359),
2. der Verordnung über die Folgen der nicht rechtzeitigen Zahlung einer Geldforderung vom 18. August 1914 (Reichs-Gesetzbl. S. 377),
3. der Verordnung, betreffend die Bewilligung von Zahlungsfristen bei Hypotheken und Grundschulden, vom 22. Dezember 1914 (Reichs-Gesetzbl. S. 543),

wie sie sich aus den in dieser Verordnung vorgesehenen Änderungen ergeben, und zwar die Verordnung vom 7. August 1914 unter fortlaufender Nummernfolge der Paragraphen, durch das Reichs-Gesetzblatt in der Weise bekanntzumachen, daß die Verweisungen auf Vorschriften der bezeichneten Verordnungen durch Verweisungen auf die entsprechenden Vorschriften der durch den Reichskanzler bekanntgemachten Texte zu ersetzen sind.*)

Artikel VI.

Diese Verordnung tritt mit dem Tage der Verkündung in Kraft.

2. Bekanntmachung der Texte der durch die Verordnung vom 20. Mai 1915 (Reichs-Gesetzbl. S. 288) geänderten Verordnungen des Bundesrats.

Vom 20. Mai 1915 (RGBl. S. 290).

Auf Grund des Artikel V der Verordnung vom 20. Mai 1915 (Reichs-Gesetzbl. S. 288)**) werden die Texte

1. der Verordnung über die gerichtliche Bewilligung von Zahlungsfristen vom 7. August 1914 (Reichs-Gesetzbl. S. 359),

*) Ist geschehen, s. die folgende Bekanntmachung Nr. 2.

**) S. oben die Bekanntmachung Nr. 1.

2. der Verordnung über die Folgen der nicht rechtzeitigen Zahlung einer Geldforderung vom 18. August 1914 (Reichs-Gesetzbl. S. 377),
3. der Verordnung, betreffend die Bewilligung von Zahlungsfristen bei Hypotheken und Grundschulden, vom 22. Dezember 1914 (Reichs-Gesetzbl. S. 543)

in der geänderten Fassung nachstehend bekanntgemacht.

Verordnung über die gerichtliche Bewilligung von Zahlungsfristen.

§ 1. In bürgerlichen Rechtsstreitigkeiten, die bei den ordentlichen Gerichten anhängig sind oder anhängig werden, kann das Prozeßgericht auf Antrag des Beklagten eine mit der Verkündung des Urteils beginnende Zahlungsfrist von längstens drei Monaten in dem Urteil bestimmen. Die Bestimmung ist zulässig, wenn die Lage des Beklagten sie rechtfertigt und die Zahlungsfrist dem Kläger nicht einen unverhältnismäßigen Nachteil bringt. Sie kann für den Gesamtbetrag oder einen Teilbetrag der Forderung erfolgen und von der Leistung einer nach freiem Ermessen des Gerichts zu bestimmenden Sicherheit abhängig gemacht werden.

Der Antrag ist nur zulässig, wenn Gegenstand des Rechtsstreits eine vor dem 31. Juli 1914 entstandene Geldforderung ist. Die tatsächlichen Behauptungen, die den Antrag begründen, sind glaubhaft zu machen.

Der Zinsenlauf wird durch die Bestimmung der Zahlungsfrist nicht berührt.

§ 2. Im Mahnverfahren kann der Schuldner für eine Forderung, die er anerkennt, die Bestimmung einer Zahlungsfrist beantragen, solange der Vollstreckungsbefehl noch nicht verfügt ist; die Dauer der Frist ist in dem Antrag zu bezeichnen. Abschrift des Antrags ist dem Gläubiger zuzustellen. Erklärt er sich mit der Bestimmung der beantragten Frist einverstanden, so ist in dem Vollstreckungsbefehle die Vollstreckung von dem Ablauf der Frist abhängig zu machen. Verweigert er die Zustimmung, so gilt der Antrag des Schuldners als Widerspruch gegen den Zahlungsbefehl.

Die Frist beginnt mit dem Tage, an dem der Zahlungsbefehl erlassen ist.

§ 3. Wird ein Anerkenntnisurteil nur wegen der Zahlungsfrist angefochten, so erfolgt die Anfechtung durch sofortige Beschwerde.

§ 4. Auf Antrag des Schuldners kann das Amtsgericht, bei dem der Gläubiger seinen allgemeinen Gerichtsstand hat, für eine Forderung, die der Schuldner anerkennt, eine Zahlungsfrist bewilligen. Die Entscheidung, die ohne vorgängige mündliche Verhandlung ergehen kann, erfolgt durch Beschluß. Vor der Entscheidung ist der Gläubiger zu hören. Der Antrag ist abzulehnen, wenn die Forderung rechtshängig oder vollstreckbar ist. In dem Beschlusse, durch den die Zahlungsfrist bewilligt wird, ist die Verpflichtung des Schuldners zur Zahlung der anerkannten Forderung auszusprechen. Die Vorschriften des § 1 gelten entsprechend.

Gegen den Beschluß findet sofortige Beschwerde statt.

§ 5. Das Vollstreckungsgericht kann die Vollstreckung in das Vermögen des Schuldners auf dessen Antrag für die Dauer von längstens drei Monaten einstellen. Die Einstellung ist auch vor dem Beginne der Vollstreckung zulässig. Die Frist beginnt mit der Bekanntmachung des Beschlusses an den Schuldner. Die Vorschriften des § 1 Abs. 1 Satz 2, 3, Abs. 2 sind entsprechend anzuwenden.

Ist eine Zahlungsfrist bereits nach den §§ 1, 2, 4 bestimmt worden, so findet § 5 Abs. 1 keine Anwendung.

§ 6. Wird ein Rechtsstreit durch einen vor Gericht abgeschlossenen oder dem Gerichte mitgeteilten Vergleich erledigt, so werden die Gerichtsgebühren nur zur Hälfte erhoben; übersteigt der Streitgegenstand nicht einhundert Mark, so werden Gerichtsgebühren nicht erhoben.

Wird durch Endurteil über die Bewilligung einer Zahlungsfrist entschieden oder in einem Vergleich eine Zahlungsfrist bewilligt, so bleiben für die Berechnung der Gerichts- und Anwaltsgebühren die nur auf die Zahlungsfrist sich beziehenden Verhandlungen und Entscheidungen außer Betracht.

In den Fällen der §§ 4 und 5 betragen die Gerichts- und Anwaltsgebühren zwei Zehnteile des Satzes des § 8 des Gerichtskostengesetzes und des § 9 der Gebührenordnung für Rechtsanwälte. Der Wert des Streitgegenstandes ist von dem Gerichte nach freiem Ermessen, höchstens jedoch auf den zwanzigsten Teil der Forderung festzusetzen.

§ 7. Diese Verordnung tritt mit dem Tage der Verkündung in Kraft.

— Die **Verordnung über die Folgen der nicht rechtzeitigen Zahlung einer Geldforderung** und die **Verordnung, betreffend die Bewilligung von Zahlungsfristen bei Hypotheken und Grundschulden** drucken wir hier nicht nochmals in der neuen Fassung ab, da die geringen Änderungen leicht in den früheren Text eingesetzt werden können und die Paragraphenziffern nicht geändert worden sind. — D. Herausgeber.

VIII.

Patent-, Gebrauchsmuster- und Warenzeichenrecht.

1. Bekanntmachung, betreffend Erleichterungen auf dem Gebiete des Patent-, Gebrauchsmuster- und Warenzeichenrechts in ausländischen Staaten.

Vom 20. Februar 1915 (RGBl. S. 107).*)

Auf Grund des § 3 der Verordnung des Bundesrats, betreffend vorübergehende Erleichterungen auf dem Gebiete des Patent-,

*) Vergl. unten Nr. 2, 6 und 12.

Gebrauchsmuster- und Warenzeichenrechts, vom 10. September 1914 (Reichs-Gesetzbl. S. 403)*) wird hierdurch bekannt gemacht, daß in Belgien, Österreich-Ungarn und Portugal sowie zur Zeit in Frankreich deutschen Reichsangehörigen gleichartige Erleichterungen gewährt werden.

2. Bekanntmachung, betreffend Erleichterungen auf dem Gebiete des Patent-, Gebrauchsmuster- und Warenzeichenrechts in ausländischen Staaten.

Vom 12. März 1915 (RGBl. S. 151).

— Wie Nr. 1, 6, 12: dasselbe für Schweden mitgeteilt. —

3. Bekanntmachung, betreffend weitere Erleichterungen auf dem Gebiete des Patent- und Gebrauchsmusterrechts.

Vom 31. März 1915 (RGBl. S. 212).

§ 1. Die durch § 1 der Verordnung, betreffend vorübergehende Erleichterungen auf dem Gebiete des Patent-, Gebrauchsmuster- und Warenzeichenrechts, vom 10. September 1914 (Reichs-Gesetzbl. S. 403)**) dem Patentamt erteilte Befugnis zur Stundung von Gebühren wird auf die im § 8 Abs. 1 des Gesetzes, betreffend den Schutz von Gebrauchsmustern, vom 1. Juni 1891 (Reichs-Gesetzbl. S. 290) vorgesehene Gebühr ***) ausgedehnt. Die Stundungszeit beginnt mit dem Ablauf der gesetzlichen Schutzfrist.

§ 2. Die gestundeten Gebühren für Patente und Gebrauchsmuster können mit Wirkung vom Ablauf der Stundungszeit auf Antrag weiter gestundet werden, wenn die Löschung noch nicht erfolgt ist. Der Reichskanzler setzt fest, wann die ohne genauere

*) S. Kriegs-Zivil- u. Finanzgesetze (Guttentagsche Sammlung deutscher Reichsgesetze Nr. 116) S. 129; vergl. auch ebenda S. 130.

**) Ebenda S. 129.

***) Gebühr von 60 Mark zur Verlängerung der Schutzfrist um 3 Jahre.

Zeitbestimmung bis nach der Beendigung des Krieges gestundeten Gebühren spätestens gezahlt werden müssen.

§ 3. Über die Anträge auf Stundung oder Erlaß von Gebühren entscheidet der Präsident des Patentamts. Die Entscheidung des Präsidenten ist endgültig.

§ 4. Die Zeit,*) für welche die Bekanntmachung der Patentanmeldung ausgesetzt werden kann (§ 23 Abs. 4 des Patentgesetzes vom 7. April 1891, Reichs-Gesetzbl. S. 79), wird um ein Jahr verlängert.

Der Anspruch des Patentsuchers auf die Aussetzung fällt weg, wenn der Präsident des Patentamts erklärt, daß sie nicht dem öffentlichen Interesse entspricht; hierüber befindet der Präsident endgültig.

§ 5. Diese Verordnung tritt mit dem 7. April 1915 in Kraft. Der Reichskanzler bestimmt, wann diese Verordnung und die Verordnung vom 10. September 1914 außer Kraft treten.

4. Bekanntmachung,

betreffend die Verlängerung der im Artikel 4 der revidierten Pariser Übereinkunft zum Schutze des gewerblichen Eigentums vom 2. Juni 1911 vorgesehenen Prioritätsfristen.

Vom 7. Mai 1915 (RGBl. S. 272).**)

§ 1. Die im Artikel 4 der revidierten Pariser Übereinkunft zum Schutze des gewerblichen Eigentums vom 2. Juni 1911 (Reichs-Gesetzbl. 1913 S. 209) vorgesehenen Prioritätsfristen***) werden, soweit sie nicht vor dem 31. Juli 1914 abgelaufen sind, bis zum Ablauf von sechs Monaten von der Beendigung des Kriegszustandes an, längstens aber bis zum 30. Juni 1916 ver-

---

*) Von höchstens 6 Monaten.

**) Vergl. die Bekanntmachungen unten Nr. 5, 7, 10, 11.

***) 12 Monate für Erfindungspatente und Gebrauchsmuster und 4 Monate für gewerbliche Muster oder Modelle und für Fabrik- oder Handelsmarken.

längert; der Reichskanzler bestimmt den Zeitpunkt, mit dem der Kriegszustand als beendet anzusehen ist.

Diese Vorschrift findet zugunsten von Angehörigen ausländischer Staaten Anwendung, wenn und insoweit in diesen Staaten nach einer im Reichs-Gesetzblatt enthaltenen Bekanntmachung die Prioritätsfristen zugunsten der deutschen Reichsangehörigen verlängert sind.

§ 2. Diese Verordnung tritt mit dem Tage ihrer Verkündung in Kraft.

5. Bekanntmachung, betreffend die Verlängerung der Prioritätsfristen in ausländischen Staaten.

Vom 13. Mai 1915 (RGBl. S. 278).

Auf Grund des § 1 Abs. 2 der Verordnung des Bundesrats, betreffend die Verlängerung der im Artikel 4 der revidierten Pariser Übereinkunft zum Schutze des gewerblichen Eigentums vom 2. Juni 1911 vorgesehenen Prioritätsfristen, vom 7. Mai 1915 (Reichs-Gesetzbl. S. 272)*) wird hierdurch bekanntgemacht, daß in den nachstehend genannten Staaten die Prioritätsfristen zugunsten der deutschen Reichsangehörigen verlängert sind, und zwar:

in Brasilien für Patente und Warenzeichen, soweit die Fristen nicht am 31. Juli 1914 abgelaufen sind, bis zu einem Zeitpunkt, der nach Beendigung des Krieges festgesetzt werden wird;

in Dänemark für Patente, soweit die Fristen nicht vor dem 1. August 1914 abgelaufen sind, bis zum 1. August 1915;

in der Schweiz für Patente und Gebrauchsmuster, die im Ausland zwischen dem 31. Juli 1913 und dem 31. Juli 1914 zuerst angemeldet sind, und für gewerbliche Muster oder Modelle, die im Ausland zwischen dem 31. März 1914 und dem 31. März 1915 zuerst angemeldet sind, bis zum Ablauf des 31. Juli 1915.

---

*) Die vorige Bekanntmachung (Nr. 4.) Vergl. auch Nr. 7, 10, 11.

6. Bekanntmachung, betreffend Erleichterungen auf dem Gebiete des Patent-, Gebrauchsmuster- und Warenzeichenrechts in ausländischen Staaten.

Vom 13. Mai 1915 (RGBl. S. 278).

— Wie Nr. 1, 2 u. 12: dasselbe für Brasilien und Griechenland mitgeteilt. —

7. Bekanntmachung, betreffend die Verlängerung der Prioritätsfristen in Frankreich.

Vom 28. Juni 1915.

Auf Grund des § 1 Abs. 2 der Verordnung des Bundesrats, betreffend die Verlängerung der im Artikel 4 der revidierten Pariser Übereinkunft zum Schutze des gewerblichen Eigentums vom 2. Juni 1911 vorgesehenen Prioritätsfristen, vom 7. Mai 1915 (Reichs-Gesetzbl. S. 272)*) wird hierdurch bekanntgemacht, daß in Frankreich die bezeichneten Fristen, soweit sie nicht vor dem 1. August 1914 abgelaufen sind, für die Dauer der Feindseligkeiten und darüber hinaus bis zu bestimmten, demnächst festzusetzenden Tagen zugunsten der Angehörigen derjenigen Verbandsländer, die den französischen Staatsangehörigen denselben Vorteil gewähren, mithin bis auf weiteres auch zugunsten der deutschen Reichsangehörigen verlängert sind.

8. Bekanntmachung über gewerbliche Schutzrechte feindlicher Staatsangehöriger.

Vom 1. Juli 1915 (RGBl. S. 414).

§ 1. Patentrechte, Gebrauchsmusterrechte und Warenzeichenrechte können, soweit sie Angehörigen feindlicher Staaten zustehen, durch Anordnungen des Reichskanzlers im öffentlichen Interesse beschränkt und aufgehoben werden. Insbesondere können anderen Ausübungs- und Nutzungsrechte erteilt werden.

---

*) Oben Nr. 4. Vergl. auch Nr. 5, 10, 11.

Den Anordnungen kann rückwirkende Geltung beigelegt werden. Sie können jederzeit geändert und zurückgenommen werden.

§ 2. Auf Anmeldungen von Angehörigen feindlicher Staaten werden Patente nicht erteilt, Gebrauchsmuster oder Warenzeichen nicht eingetragen. Im übrigen kann das Patentamt, soweit Angehörige feindlicher Staaten in Betracht kommen, Amtshandlungen, die ihm nach gesetzlichen Vorschriften obliegen, aussetzen und das Verfahren vorläufig einstellen; der Präsident des Patentamts kann Bestimmungen darüber erlassen.

§ 3. Die Anwendung dieser Verordnung wird nicht dadurch ausgeschlossen, daß die Rechte nach dem 31. Juli 1914 auf Angehörige anderer Staaten übertragen oder daß zur Verdeckung der Rechtsverhältnisse Angehörige anderer Staaten vorgeschoben sind.

§ 4. Den Angehörigen feindlicher Staaten stehen gleich die Angehörigen ihrer Kolonien und auswärtigen Besitzungen, Personen, die in den Gebieten dieser Staaten oder ihrer Kolonien und auswärtigen Besitzungen ihren Wohnsitz oder ihre Niederlassung haben, sowie juristische Personen, Gesellschaften und Unternehmungen, die in den bezeichneten Gebieten ihren Sitz haben oder von dort aus geleitet oder beaufsichtigt werden oder deren Erträgnisse ganz oder zum Teil dorthin abzuführen sind.

§ 5. Feindliche Staaten im Sinne dieser Verordnung sind England, Frankreich und Rußland.

§ 6. Die Wirkung von Patenten, die Angehörigen Rußlands zustehen, ist, unbeschadet der für Angehörige anderer als der feindlichen Staaten bestellten ausschließlichen Rechte zur Ausübung oder Nutzung, vom 11. März 1915 an als erloschen anzusehen. Rechte der bezeichneten Art sind bei dem Patentamt anzumelden und werden durch den Reichsanzeiger bekanntgemacht; die Wirkung des Rechtes erlischt, wenn es nicht spätestens am 30. September 1915 zur Kenntnis des Patentamts gebracht ist. Das Reich ist berechtigt, die für die Gewährung des Rechtes vereinbarte Gegenleistung zu fordern; die Zahlungen sind bei der Kasse des Patentamts zu leisten.

Die Wirkung der für Angehörige Rußlands bestellten Rechte zur Ausübung oder Nutzung von Patenten ist vom 11. März 1915 an als erloschen anzusehen.

Durch Patentanmeldungen, die nach dem 11. März 1915 bewirkt sind, können für Angehörige Rußlands keine Rechte begründet werden.

Diese Vorschriften (Abs. 1 bis 3) sind auf Gebrauchsmuster entsprechend anzuwenden.

§ 7. Der Reichskanzler erläßt die zur Ausführung dieser Verordnung erforderlichen Bestimmungen *); er kann die im § 1 bezeichneten Befugnisse einer anderen Stelle übertragen.

Der Reichskanzler kann im Wege der Vergeltung diese Verordnung ganz oder teilweise auf die Angehörigen anderer als der im § 5 bezeichneten Staaten für anwendbar erklären.

§ 8. Diese Verordnung tritt mit dem Tage ihrer Verkündung in Kraft. Der Reichskanzler bestimmt, wann und inwieweit die Verordnung außer Kraft tritt.

9. Bestimmungen zur Ausführung der Verordnung über gewerbliche Schutzrechte feindlicher Staatsangehöriger.

Vom 2. Juli 1915 (RGBl. S. 417).

Auf Grund des § 7 der Verordnung über gewerbliche Schutzrechte feindlicher Staatsangehöriger vom 1. Juli 1915 (Reichs-Gesetzbl. S. 414/15) **) bestimme ich:

Zu § 1 der Verordnung.

1. Zuständig für die Anordnungen ist der für gewerbliche Schutzrechte bestellte Reichskommissar

*) Vergl. unten Nr. 9.

**) Oben Nr. 8.

2. Die Anordnungen werden nur auf Antrag getroffen. Der Antrag ist schriftlich an den Präsidenten des Patentamts zu richten. Die Angaben, mit denen der Antrag begründet wird, sind glaubhaft zu machen. Zugleich ist bei der Kasse des Patentamts für jedes Schutzrecht, auf das sich der Antrag bezieht, eine Gebühr von 50 Mark zu zahlen.

3. Der Präsident des Patentamts trifft die erforderlichen Verfügungen, um den Sachverhalt aufzuklären. Er kann den Antrag in geeigneter Weise bekanntmachen und die Beteiligten zur Anhörung laden. Die entstandenen Verhandlungen legt er mit seinem Gutachten dem Reichskommissar vor.

4. Der Reichskommissar kann bei der Vorbereitung und der Durchführung seiner Anordnungen Zeugen und Sachverständige eidlich vernehmen, die Hilfe der Verwaltungsbehörden in Anspruch nehmen und das Patentamt sowie die Gerichte um Rechtshilfe ersuchen. Er kann den Betrag der Geldleistungen, die auf Grund seiner Anordnungen zugunsten des Reichs fällig geworden sind, festsetzen. Die festgesetzten Beträge sind als öffentliche Abgaben anzusehen und können nach den am Orte des Wohnsitzes oder Sitzes des Verpflichteten geltenden landesrechtlichen Vorschriften zwangsweise beigetrieben werden.

5. Zeugen und Sachverständige erhalten Gebühren nach Maßgabe der Gebührenordnung vom 30. Juni 1878 (Reichs-Gesetzbl. 1878 S. 173, 1914 S. 214). Die dadurch entstehenden Kosten fallen dem Antragsteller zur Last.

6. Die für Zwecke des Heeres oder der Flotte erforderlichen Anordnungen können von der obersten Heeres- oder Flottenbehörde unmittelbar bei dem Reichskommissar angeregt werden.

Zu § 6 der Verordnung.

7. Die Einsicht der Urkunden, auf Grund deren die Bekanntmachungen von dem Patentamt erlassen sind, steht jedermann frei.

8. Das Reich wird in bezug auf das ihm zustehende Forderungsrecht durch den Präsidenten des Patentamts vertreten.

10. Bekanntmachung, betreffend die Verlängerung der Prioritätsfristen in ausländischen Staaten.

Vom 15. Juli 1915 (RGBl. S. 447).

Auf Grund des § 1 Abs. 2 der Verordnung des Bundesrats, betreffend die Verlängerung der im Artikel 4 der revidierten Pariser Übereinkunft zum Schutze des gewerblichen Eigentums vom 2. Juni 1911 vorgesehenen Prioritätsfristen, vom 7. Mai 1915 (Reichs-Gesetzbl. S. 272)*) und im Anschluß an die Bekanntmachung vom 13. Mai 1915 (Reichs-Gesetzbl. S. 278)**) wird hierdurch bekanntgemacht, daß in den nachstehend genannten Staaten die zugunsten der deutschen Reichsangehörigen erstreckten Prioritätsfristen weiter verlängert worden sind, und zwar:

in Dänemark bis zum 1. Januar 1916;

in der Schweiz vorläufig bis zum Ablauf des 31. Dezember 1915 und, sofern dieser Tag nicht endgültig als der äußerste erklärt wird, darüber hinaus bis zu einem Zeitpunkt, der demnächst festgesetzt werden wird.

11. Bekanntmachung, betreffend die Verlängerung der Prioritätsfristen in Belgien.

Vom 17. August 1915 (RGBl. S. 511).

Auf Grund des § 1 Abs. 2 der Verordnung des Bundesrats, betreffend die Verlängerung der im Artikel 4 der revidierten Pariser Übereinkunft zum Schutze des gewerblichen Eigentums vom 2. Juni 1911 vorgesehenen Prioritätsfristen, vom 7. Mai 1915 (Reichs-Gesetzbl. S. 272)***) wird hierdurch bekanntgemacht, daß in den besetzten Gebieten Belgiens die bezeichneten Fristen, soweit sie nicht vor dem 31. Juli 1914 abgelaufen sind, bis auf weiteres zugunsten der deutschen Reichsangehörigen verlängert sind.

---

*) Oben Nr. 4.

**) Oben Nr. 5. Vergl. auch Nr. 7 und 11.

***) Oben Nr. 4. Vergl. auch Nr. 5, 7, 10.

12. Bekanntmachung,
betreffend Erleichterungen auf dem Gebiete des Patent-, Gebrauchsmuster- und Warenzeichenrechts.

Vom 23. September 1915 (RGBl. S. 626).

— Wie Nr. 1, 2, 6: dasselbe für Luxemburg mitgeteilt. —

IX.

Zahlungsverbote gegen das feindliche Ausland und Überwachung ausländischer Unternehmungen.

1. Bekanntmachung,
betreffend Zahlungsverbot gegen Rußland.

Vom 4. Februar 1915 (RGBl. S. 69).

Auf Grund des § 7 Abs. 1 der Verordnung, betreffend Zahlungsverbot gegen England, vom 30. September 1914 (Reichs-Gesetzbl. S. 421)*) und der Bekanntmachung, betreffend Zahlungsverbot gegen Rußland, vom 19. November 1914**) Reichs-Gesetzbl. S. 479) wird folgendes bestimmt:

Das Verbot, Zahlungen nach Rußland zu leisten und Geld oder Wertpapiere dorthin abzuführen oder zu überweisen (§ 1 Abs. 1 der Verordnung vom 30. September 1914 in Verbindung mit Artikel 1 der Bekanntmachung vom 19. November 1914), findet gegenüber den unter deutscher Zivilverwaltung stehenden Gebieten Rußlands keine Anwendung.

Diese Bekanntmachung tritt mit dem Tage der Verkündung in Kraft.

---

*) Kriegs-Zivil- und Finanzgesetze (Guttentagsche Sammlung deutscher Reichsgesetze Nr. 116) S. 131.

**) Ebenda S. 137.

2. Bekanntmachung,
betreffend Zahlungsverbot gegen Ägypten und Französisch-Marokko.

Vom 14. Oktober 1915 (RGBl. S. 673).

Gleiche Fassung*) wie die Bek. betr. Zahlungsverbot gegen Frankreich (im Anschluß an diejenige über das Zahlungsverbot gegen England), siehe Kriegs-Zivil- und Finanzgesetze (Guttentagsche Sammlung deutscher Reichs-Gesetze Nr. 116) S. 134.

3. Bekanntmachung,
betreffend Änderungen hinsichtlich der Kapitalbeteiligung an einem Unternehmen.

Vom 5. Januar 1915 (RGBl. S. 13).

§ 1. Nach dem 26. November 1914 eingetretene Änderungen in der Kapitalbeteiligung eines Unternehmens schließen die Zulässigkeit der in der Verordnung vom 26. November 1914, betreffend die zwangsweise Verwaltung französischer Unternehmungen (Reichs-Gesetzbl. S. 487),**) und in den auf Grund derselben ergangenen Bekanntmachungen des Reichskanzlers vorgesehenen Maßnahmen***) nicht aus.

§ 2. Wer in der Zeit nach dem 26. November 1914 bis zum Inkrafttreten dieser Verordnung Anteile an dem Unternehmen erworben hat, die am 26. November 1914 einem Angehörigen des feindlichen Auslandes zustanden, kann von dem Vertrage zurücktreten, sofern das Unternehmen unter zwangsweise Verwaltung gestellt wird. Der Rücktritt ist innerhalb eines Monats, nachdem der Berechtigte von der Einsetzung der Verwaltung Kenntnis erlangt hat, gegenüber dem Verwalter zu erklären.

§ 3. Diese Verordnung tritt mit dem Tage der Verkündung in Kraft.

---

*) abgesehen von dem Datum des Inkrafttretens, hier 14. und 20. Oktober 1915.

**) Kriegs-Zivil- und Finanzgesetze (Guttentagsche Sammlung deutscher Reichsgesetze Nr. 116) S. 140.

***) Ebenda S. 143.

4. Bekanntmachung über die zwangsweise Verwaltung russischer Unternehmungen.

Vom 4. März 1915 (RGBl. S. 133).

Auf Grund des § 9 der Verordnung vom 26. November 1914, betreffend die zwangsweise Verwaltung französischer Unternehmungen (Reichs-Gesetzbl. S. 487)*) wird folgendes bestimmt:

Artikel 1.

Die Vorschriften der Verordnung vom 26. November 1914 werden im Wege der Vergeltung auch auf Unternehmungen, deren Kapital ganz oder überwiegend russischen Staatsangehörigen zusteht, für anwendbar erklärt.

Artikel 2.

Diese Bekanntmachung tritt mit dem Tage der Verkündung in Kraft.

5. Bekanntmachung, betreffend die Erfüllung von Ansprüchen im Falle zwangsweiser Verwaltung von Grundstücken.

Vom 26. März 1915 (RGBl. S. 184).

Artikel 1.

Ist ein Grundstück auf Grund der Verordnung, betreffend die zwangsweise Verwaltung französischer Unternehmungen, vom 26. November 1914 (Reichs-Gesetzbl. S. 487)**) oder einer gemäß dieser Verordnung ergangenen Bekanntmachung des Reichskanzlers**) unter zwangsweise Verwaltung gestellt, so gilt das Grundstück in Ansehung der Erfüllung von Ansprüchen, insbesondere von Miet- oder Pachtzinsforderungen, ohne Rücksicht auf die Zeit ihrer Entstehung und auf die Art der Benutzung oder Bewirtschaftung des Grundstücks, als eine im Inland unterhaltene Niederlassung im Sinne des § 5 Satz 1 der Verordnung, be-

*) Kriegs-Zivil- und Finanzgesetze (Guttentagsche Sammlung deutscher Reichsgesetze Nr. 116) S. 140.

**) Vergl. Fußnoten zur Bekanntmachung Nr. 3, oben S. 98.

treffend Zahlungsverbot, vom 30. September 1914 (Reichs-Gesetzbl. S. 421).*)

Artikel 2.

Diese Verordnung tritt mit dem Tage der Verkündung in Kraft

6. Bekanntmachung, betreffend Ergänzung der Verordnungen über die Überwachung und zwangsweise Verwaltung ausländischer Unternehmungen.

Vom 24. Juni 1915 (RGBl. S. 351).**)

Der Bundesrat hat in Ergänzung der Verordnungen, betreffend die Überwachung ausländischer Unternehmungen, vom 4. September und 22. Oktober 1914 (Reichs-Gesetzbl. S. 397, 147)***), sowie betreffend die zwangsweise Verwaltung franzö-

*) Vergl. die erste Fußnote zur Bekanntmachung Nr. 1, oben S. 97.

**) Über Zweck und Bedeutung dieser Verordnung äußert sich die Denkschrift über wirtschaftliche Maßnahmen aus Anlaß des Krieges (Reichst.-Drucks., 13. Leg.-Per., II. Sess. 1914/15, Nr. 107 S. 73) folgendermaßen: Die Verordnungen über die Geschäftsaufsicht und zwangsweise Verwaltung enthalten über die Haftung der Aufsichtspersonen, der Vertreter (Verordnung vom 22. Oktober 1914) und der Verwalter keine Vorschriften. Zur Entscheidung über Schadenersatzansprüche der Unternehmer und der an dem Unternehmen Beteiligten gegen die bestellten Personen wegen angeblich pflichtwidriger Handlungen oder Unterlassungen würden danach lediglich die Gerichte berufen sein. Diese Rechtslage hat bei den bestellten Personen vielfach die Besorgnis hervorgerufen, sie könnten für Handlungen, die ihnen geboten erscheinen, ohne weiteres vor den jeweils zuständigen Gerichten zur Verantwortung gezogen und auf Grund einer anderen Auslegung des Gesetzes oder auf Grund einer abweichenden Auffassung der Verhältnisse zur Verantwortung gezogen werden. Hierdurch wird eine den deutschen Interessen entsprechende Durchführung der Überwachung und Verwaltung erschwert. In dieser Bekanntmachung werden daher für die Erhebung von Schadenersatzansprüchen Vorschriften nach Art der landesgesetzlich für die Verfolgung öffentlicher Beamter bestehenden Konfliktsbestimmungen gegeben.

***) Kriegs-Zivil- und Finanzgesetze (Guttentagsche Sammlung deutscher Reichsgesetze Nr. 116) S. 138 u. 139.

sischer Unternehmungen, vom 26. November 1914 (Reichs-Gesetzbl. S. 487) *) folgende Verordnung erlassen:

Artikel 1.

Ist nach Maßgabe der Verordnungen vom 4. September, 22. Oktober oder 26. November 1914 oder einer ergänzenden Bekanntmachung des Reichskanzlers **) eine Aufsichtsperson, ein Vertreter oder ein Verwalter bestellt worden, so können wegen der von der bestellten Person in Ausübung oder in Veranlassung der Ausübung ihrer Obliegenheiten vorgenommenen Handlungen oder Unterlassungen Schadenersatzansprüche des Inhabers des Unternehmens oder eines an dem Unternehmen Beteiligten nur mit Genehmigung der Landeszentralbehörde geltend gemacht werden. Die Genehmigung ist zu erteilen, wenn eine schuldhafte Pflichtverletzung vorliegt. Soweit die Genehmigung nicht erteilt ist, ist der Rechtsweg unzulässig.

Artikel 2.

Leiter und Angestellte eines unter zwangsweise Verwaltung gestellten Unternehmens sind verpflichtet, dem Verwalter auf Erfordern Auskunft über die Geschäftsangelegenheiten des Unternehmens zu erteilen; dies gilt auch dann, wenn ihre Beschäftigung bei dem Unternehmen nach dem 30. Juli 1914 ein Ende genommen hat. Wer die Auskunft vorsätzlich nicht erteilt oder wissentlich unwahre Angaben macht, wird mit Geldstrafe bis zu eintausendfünfhundert Mark oder mit Gefängnis bis zu drei Monaten bestraft.

Hinsichtlich der Verpflichtung zur Auskunft an Aufsichtspersonen bewendet es bei den Vorschriften der Verordnung vom 4. September 1914.

Artikel 3.

Die Vorschriften des Artikel 1 treten mit dem Tage der Verkündung, die Vorschriften des Artikel 2 mit dem 28. Juni 1915 in Kraft.

---

*) Ebenda S. 140.

**) Ebenda S. 143

7. Bekanntmachung über die Anmeldung des im Inland befindlichen Vermögens von Angehörigen feindlicher Staaten.

Vom 7. Oktober 1915 (RGBl. S. 633).*)

§ 1. Das im Inland befindliche Vermögen von Angehörigen feindlicher Staaten ist nach Maßgabe der vom Reichskanzler zu erlassenden Vorschriften anzumelden.

§ 2. Die Landeszentralbehörden bestimmen, bei welchen Stellen die Anmeldungen zu erfolgen haben.

Auf Erfordern dieser Stellen ist jedermann verpflichtet, binnen einer von der Anmeldestelle festzusetzenden Frist eine Erklärung darüber abzugeben, ob bei ihm die Voraussetzungen der Anmeldepflicht vorliegen, sowie eine abgegebene Erklärung oder Anmeldung durch nähere Auskünfte zu ergänzen.

§ 3. Die mit der Entgegennahme oder Bearbeitung der Anmeldung befaßten Personen sind verpflichtet, über die aus Anlaß der Anmeldung zu ihrer Kenntnis gelangten Verhältnisse Verschwiegenheit zu beobachten.

§ 4. Als feindliche Staaten im Sinne dieser Verordnung gelten Großbritannien und Irland, Frankreich, Rußland und Finland sowie die Kolonien und auswärtigen Besitzungen dieser Staaten.

Der Reichskanzler kann die Vorschriften dieser Verordnung ganz oder teilweise auch auf andere feindliche Staaten sowie auf Länder, die vom Feinde besetzt sind, für anwendbar erklären.

§ 5. Juristische Personen, die im feindlichen Ausland (§ 4) ihren Sitz haben, stehen einem Angehörigen der feindlichen Staaten im Sinne dieser Verordnung gleich.

§ 6. Zu dem im Inland befindlichen Vermögen im Sinne dieser Verordnung gehören insbesondere auch Beteiligungen an einem Unternehmen, das im Inland seinen Sitz hat, sowie vermögensrechtliche Ansprüche aller Art, wenn sie gegen Personen gerichtet sind, die im Inland ihren Wohnsitz oder Sitz haben.

---

*) Vergl. auch die folgenden Bekanntmachungen Nr. 8 und 9.

§ 7. Ist nach dem 31. Juli 1914 ein im Inland befindlicher Vermögensgegenstand von einem Angehörigen der feindlichen Staaten veräußert oder abgetreten worden und ist anzunehmen, daß die Veräußerung oder Abtretung geschehen ist, um ihn den deutschen Vergeltungsmaßnahmen zu entziehen, so kann der Reichskanzler anordnen, daß die Veräußerung oder Abtretung für die Anwendung dieser Verordnung als nicht geschehen anzusehen ist.

§ 8. Im Inland befindliches Vermögen von Angehörigen feindlicher Staaten, insbesondere auch ein dazu gehöriger Anspruch, kann vom Inkrafttreten dieser Verordnung an, unbeschadet weitergehender Anordnungen der Militärbefehlshaber, nur mit Genehmigung des Reichskanzlers veräußert, abgetreten oder belastet werden.

Unberührt bleibt die Zulässigkeit der Ausübung eines vor dem Inkrafttreten dieser Verordnung erlangten binglichen Rechtes oder kaufmännischen Zurückbehaltungsrechts.

§ 9. Die im § 8 bezeichneten Beschränkungen gelten nicht

1. für das Vermögen feindlicher Staatsangehöriger, die sich im Inland aufhalten,
2. für das Vermögen feindlicher Staatsangehöriger, das zu einem im Inland befindlichen Betriebe gehört,

soweit es sich um Veräußerungen, Abtretungen oder Belastungen zugunsten von Personen handelt, die im Inland ihren Wohnsitz, Sitz oder dauernden Aufenthalt haben.

Die im § 8 bezeichneten Beschränkungen gelten ferner nicht für das einer staatlichen Aufsicht oder Verwaltung nach Maßgabe der Bundesratsverordnungen vom 4. September und 26. November 1914 (Reichs-Gesetzbl. S. 397, 487)*) unterstehende Vermögen.

§ 10. Es ist bis auf weiteres verboten, ohne Genehmigung des Reichskanzlers Sachen, die im Eigentume von Angehörigen

---

*) Kriegs-Zivil- und Finanzgesetze (Guttentagsche Sammlung deutscher Reichsgesetze Nr. 116) S. 138, 140.

feindlicher Staaten stehen, insbesondere auch Wertpapiere und Geldstücke, unmittelbar oder mittelbar nach dem Ausland abzuführen, soweit es sich nicht um die Mitnahme von Reisegut handelt. Der Reichskanzler kann nähere Bestimmungen darüber erlassen, was als Reisegut anzusehen ist.

§ 11. Die weitergehenden Vorschriften der Bekanntmachungen, betreffend die Zahlungsverbote gegen England, Frankreich und Rußland, vom 30. September, 20. Oktober und 19. November 1914 (Reichs-Gesetzbl. S. 421, 443, 479)*) bleiben unberührt.

§ 12. Mit Geldstrafe bis zu eintausendfünfhundert Mark oder mit Gefängnis bis zu drei Monaten wird bestraft:

1. wer vorsätzlich den gemäß § 1 ergehenden Anordnungen des Reichskanzlers über die Vermögensanmeldung oder einer gemäß § 2 Abs. 2 ergehenden Aufforderung nicht oder nicht innerhalb der vorgeschriebenen Frist nachkommt;
2. wer bei der Anmeldung oder bei einer nach § 2 Abs. 2 abzugebenden Erklärung oder Auskunft wissentlich unvollständige oder unrichtige Angaben macht;
3. wer den Vorschriften des § 3 zuwider Verschwiegenheit nicht beobachtet.

In dem Falle der Nr. 3 tritt die Verfolgung nur auf Antrag ein.

§ 13. Mit Gefängnis bis zu drei Jahren und mit Geldstrafe bis zu fünfzigtausend Mark oder mit einer dieser Strafen wird, sofern nicht nach anderen Strafgesetzen eine höhere Strafe verwirkt ist, bestraft, wer wissentlich dem Verbote des § 10 zuwiderhandelt.

§ 14. Diese Verordnung tritt mit dem Tage der Verkündung, die Vorschrift des § 13 tritt jedoch erst mit dem 11. Oktober 1915 in Kraft.

Der Reichskanzler bestimmt, wann und in welchem Umfang diese Verordnung außer Kraft tritt.

---

*) Kriegs-Zivil- und Finanzgesetze (Guttentagsche Sammlung deutscher Reichsgesetze Nr. 116) S. 131, 134, 137.

8. Bekanntmachung, betreffend Vorschriften über die Anmeldung des im Inland befindlichen Vermögens von Angehörigen feindlicher Staaten.

Vom 10. Oktober 1915 (RGBl. S. 653).

Auf Grund des § 1 der Verordnung über die Anmeldung des im Inland befindlichen Vermögens von Angehörigen feindlicher Staaten vom 7. Oktober 1915 (Reichs-Gesetzbl. S. 633)*) wird folgendes bestimmt:

Artikel 1.

Angehörige eines feindlichen Staates, die ihren Aufenthalt im Inland haben — mit Ausnahme der Kriegsgefangenen — haben ihr gesamtes im Inland befindliches Aktivvermögen unter Angabe der einzelnen dazu gehörigen Vermögensgegenstände nach Maßgabe des Anmeldebogens A**) anzumelden.

Artikel 2.

Wer im Inland befindliche Vermögenswerte eines feindlichen Staatsangehörigen oder eines im feindlichen Ausland ansässigen Unternehmens verwaltet oder in Verwahrung hat, hat diese Vermögenswerte unter Aufführung der einzelnen Gegenstände und unter Angabe von Namen, Wohnort (Firma und Sitz) und Staatsangehörigkeit des Berechtigten nach Maßgabe des Anmeldebogens B**) anzumelden.

Artikel 3.

Wer einem im Ausland befindlichen feindlichen Staatsangehörigen oder einem im feindlichen Ausland ansässigen Unternehmen eine auf Geld lautende Leistung schuldet, hat deren Betrag sowie Namen, Wohnort (Firma und Sitz) und Staatsangehörigkeit des Berechtigten nach Maßgabe des Anmeldebogens C**) anzumelden. Anzumelden haben nur diejenigen natürlichen oder juristischen Personen, welche im Inland ihren Wohnsitz oder Sitz haben.

---

*) Die vorige Bekanntmachung oben Nr. 7.

**) Die Anmeldebogen sind hier nicht mit abgedruckt.

Gesamtschulden sind als solche zu bezeichnen.

Bei wiederkehrenden Leistungen ist die Jahresleistung und die Zeitdauer, für die sie geschuldet werden, anzugeben. Wird die Leistung auf Lebenszeit geschuldet, so ist das Alter des Berechtigten anzugeben.

Artikel 4.

Die Leiter oder Geschäftsführer eines im Inland ansässigen Unternehmens, an dem feindliche Staatsangehörige beteiligt sind, haben Namen, Wohnort und Staatsangehörigkeit der beteiligten feindlichen Staatsangehörigen sowie Art und Umfang ihrer Beteiligung nach Maßgabe des Anmeldebogens D*) anzumelden. Als Beteiligung im Sinne dieser Vorschrift gilt auch der Aktienbesitz. Dieser ist anzumelden, soweit den Leitern oder Geschäftsführern bekannt ist, ob und in welchem Umfang Aktien im Besitze feindlicher Staatsangehöriger sind.

Artikel 5.

Ist keiner der Inhaber eines im feindlichen Ausland ansässigen Unternehmens feindlicher Staatsangehöriger, so entfällt die Anmeldepflicht nach Artikel 2 bis 4.

Ein im nichtfeindlichen Ausland ansässiges Unternehmen, dessen sämtliche Inhaber feindliche Staatsangehörige sind, steht einem im feindlichen Ausland ansässigen Unternehmen im Sinne der Vorschriften der Artikel 2 bis 4 gleich.

Artikel 6.

Einem feindlichen Staatsangehörigen im Sinne dieser Bekanntmachung stehen privatrechtliche oder öffentlich-rechtliche juristische Personen, die in den feindlichen Staaten ihren Sitz haben, insbesondere diese Staaten selbst gleich.

Artikel 7.

Besteht Zweifel über die Staatsangehörigkeit einer Person, die ihren Wohnsitz oder ihren dauernden Aufenthalt im feind-

---

*) Die Anmeldebogen sind hier nicht mit abgedruckt.

lichen Ausland hat, so hat der Anmeldepflichtige sie als feindlichen Staatsangehörigen im Sinne dieser Bekanntmachung zu behandeln.

Artikel 8.

Beträgt das vom Anmeldepflichtigen anzumeldende Vermögen eines feindlichen Staatsangehörigen weniger als 500 Mark, so darf die Anmeldung dieses Vermögens unterbleiben.

Bei wiederkehrenden Leistungen ist der Jahresbetrag maßgebend.

Artikel 9.

Für die Anmeldung auf Grund der Verordnung scheidet das von einer Reichs-, Staats- oder Kommunalbehörde verwaltete, verwahrte oder geschuldete Vermögen sowie das nach den Verordnungen vom 4. September und 26. November 1914 (Reichs-Gesetzbl. S. 397, 487)*) unter staatlicher Überwachung oder zwangsweiser Verwaltung stehende Vermögen aus. Für Staatsbanken hat es bei der Anmeldepflicht nach Maßgabe dieser Bekanntmachung zu bewenden. Das gleiche gilt auch hinsichtlich der Reichsbank.

Artikel 10.

Nicht anzumelden sind:

1. Bürgschafts- und Regreßverbindlichkeiten, es sei denn, daß der Bürgschafts- oder Regreßfall schon eingetreten ist,
2. Versicherungsprämien; Verpflichtungen, welche die Zahlung einer Versicherungsleistung zum Gegenstande haben, sind nur insoweit anzumelden, als der Versicherungsfall eingetreten ist,
3. Urheberrechte und gewerbliche Schutzrechte, unbeschadet der Anmeldung von vermögensrechtlichen Ansprüchen, die auf Grund solcher Rechte entstanden sind,
4. Seeschiffe.

---

*) Kriegs-Zivil- u. Finanzgesetze (Guttentagsche Sammlung deutscher Reichsgesetze Nr. 116) S. 138, 140.

Artikel 11.

Bedingte oder bestrittene Verbindlichkeiten sind mit dem Vermerk „bedingt“ oder „bestritten“ zu kennzeichnen.

Ist eine Leistung von einer noch ausstehenden Gegenleistung abhängig, so entfällt die Anmeldepflicht.

Artikel 12.

Für die Anmeldung auf Grund der Artikel 1, 2, 3 und 4 sind Anmeldebogen nach den als Anlage beigefügten Mustern (A, B, C, D)*) zu verwenden.

Artikel 13.

Maßgebend für die Anmeldung ist, vorbehaltlich besonderer Anordnungen auf Grund des § 7 der Verordnung, der Stand am Tage des Inkrafttretens dieser Bekanntmachung.

Artikel 14.

Die Anmeldung hat bis zum 15. Dezember 1915 zu erfolgen; dem Anmeldepflichtigen kann auf seinen Antrag eine Nachfrist gewährt werden.

Artikel 15.

Diese Bekanntmachung tritt mit dem Tage der Verkündung in Kraft.

9. Bekanntmachung, betreffend Ausnahme von der Sperre feindlichen Vermögens Vom 21. Oktober 1915 (RGBl. S. 707).

Auf Grund der §§ 8, 10 der Verordnung über die Anmeldung des im Inland befindlichen Vermögens von Angehörigen feindlicher Staaten vom 7. Oktober 1915 (Reichs-Gesetzbl. S. 633)**) werden für natürliche Personen, die in den unter deutscher Verwaltung stehenden Gebieten Rußlands ihren Wohnsitz und gegenwärtigen Aufenthalt haben, sowie für juristische Personen, die dort ihren Sitz und ihre gegenwärtige Verwaltung haben, folgende Ausnahmen zugelassen:

*) Die Anmeldebogen sind hier nicht mit abgedruckt.

**) Die oben S. 102 abgedruckte Bekanntmachung (Nr. 7).

1. Die Veräußerung, Abtretung oder Belastung ihres im Inland befindlichen Vermögens zugunsten von Personen der bezeichneten Art oder von Personen, die im Inland ihren Wohnsitz, Sitz oder dauernden Aufenthalt haben, wird gestattet.
2. Es wird gestattet, Sachen, insbesondere Wertpapiere und Geldstücke, die im Eigentum der bezeichneten Personen stehen, nach den unter deutscher Verwaltung stehenden Gebieten Rußlands abzuführen.

10. Bekanntmachung, betreffend Ergänzung der Verordnung über das Verbot des Handels mit in England abgestempelten Wertpapieren.

Vom 4. November 1915 (RGBl. S. 731).

§ 1. Der § 3 der Verordnung über das Verbot des Handels mit in England abgestempelten Wertpapieren vom 19. November 1914 (Reichs-Gesetzbl. S. 477) *) erhält folgenden Abs. 3:

Der Reichskanzler kann Ausnahmen von den Vorschriften dieser Verordnung zulassen.

§ 2. Diese Verordnung tritt mit dem Tage der Verkündung in Kraft.

X.

Zulassung von Kraftfahrzeugen u. dergl.

1. Bekanntmachung, betreffend Zulassung von Kraftfahrzeugen zum Verkehr auf öffentlichen Wegen und Plätzen.

Vom 25. Februar 1915 (RGBl. S. 113).

§ 1. Die vor dem 15. März 1915 nach Maßgabe der Verordnung über den Verkehr mit Kraftfahrzeugen vom 3. Februar

---

*) Kriegs-Zivil- und Finanzgesetze (Guttentagsche Sammlung deutscher Reichsgesetze Nr. 116) S. 145.

1910/21. Juni 1913 (Reichs-Gesetzbl. S. 389/326) erfolgte Zulassung eines Kraftfahrzeugs zum Verkehr auf öffentlichen Wegen und Plätzen erlischt mit dem 14. März 1915.

Der Eigentümer des Fahrzeugs hat die nach Abs. 1 wirkungslos gewordene Zulassungsbescheinigung unverzüglich an die für seinen Wohnort zuständige höhere Verwaltungsbehörde abzuliefern. Unterbleibt die Ablieferung, so hat die höhere Verwaltungsbehörde die Zulassungsbescheinigung einzuziehen. Die Zulassungsbescheinigung ist von der höheren Verwaltungsbehörde bis auf weiteres aufzubewahren.

§ 2. Die Erneuerung einer nach § 1 erloschenen Zulassung erfolgt auf Antrag des Eigentümers durch die höhere Verwaltungsbehörde auf jederzeitigen Widerruf, sofern für den weiteren Verkehr des Fahrzeugs ein öffentliches Bedürfnis besteht.

Ein öffentliches Bedürfnis darf nur anerkannt werden:

1. für den Verkehr der Kraftfahrzeuge, welche zur ausschließlichen Benutzung im Dienste des Reichs, eines Bundesstaats oder einer Behörde bestimmt sind,
2. für den Verkehr von Kraftfahrzeugen, die ausschließlich von Feuerwehren zu dienstlichen Zwecken oder von gemeinnützigen Anstalten zur Krankenbeförderung oder zu Rettungszwecken benutzt werden,
3. für den Verkehr von Kraftomnibussen,
4. für den Verkehr einer von der höheren Verwaltungsbehörde zu bestimmenden beschränkten Anzahl von Kraftdroschken und Mietwagen,
5. für den Verkehr anderer Kraftfahrzeuge, sofern von ihrer Zulassung die Ausübung eines im öffentlichen Interesse liegenden Berufs (Ärzte, Tierärzte und dergleichen) abhängt.

Die Zulassung von Lastkraftfahrzeugen kann außerdem erneuert werden, sofern ihr Verkehr zur Aufrechterhaltung gewerblicher Betriebe erforderlich ist.

§ 3. Der Antrag auf erneute Zulassung ist vom Eigentümer des Fahrzeugs bei der für seinen Wohnort zuständigen höheren Verwaltungsbehörde schriftlich anzubringen. In dem Antrag sind anzugeben: Name und Stand des Eigentümers, Art und Bestimmung des Fahrzeugs, das zugeteilte polizeiliche Kennzeichen sowie die Umstände, welche die weitere Zulassung begründen.

Die Stellung des Antrags ist bereits vor dem 15. März 1915 zulässig.

§ 4. Wird dem Antrag auf erneute Zulassung stattgegeben, so erhält der Eigentümer die im § 6 der Verordnung über den Verkehr mit Kraftfahrzeugen vom 3. Februar 1910 vorgeschriebene Zulassungsbescheinigung mit folgendem auf Seite 3 einzutragenden Vermerk: „Auf jederzeitigen Widerruf zum Verkehr auch nach dem 14. März 1915 zugelassen"; der Vermerk ist durch die höhere Verwaltungsbehörde unterschriftlich zu vollziehen und mit dem Amtsstempel zu versehen.

Wird dem Antrag auf erneute Zulassung die bisherige Zulassungsbescheinigung beigefügt, oder ist sie schon vor Stellung des Antrags gemäß § 1 Abs. 2 an die höhere Verwaltungsbehörde abgeliefert worden, so wird der die erneute Zulassung aussprechende Vermerk in die bisherige Zulassungsbescheinigung eingetragen.

§ 5. Die höhere Verwaltungsbehörde hat in der von ihr geführten Liste der zugelassenen Kraftfahrzeuge die erneute Zulassung eines Fahrzeugs in der Spalte „Bemerkungen" in augenfälliger Weise kenntlich zu machen. Die erneute Zulassung von Personenkraftfahrzeugen, die der Stempelabgabe für Kraftfahrzeuge unterliegen, hat sie alsbald der zuständigen Steuerstelle mitzuteilen.

§ 6. Nach dem 14. März 1915 darf die Zulassung eines Kraftfahrzeugs nur erfolgen, wenn neben den Voraussetzungen der Verordnung über den Verkehr mit Kraftfahrzeugen vom 3. Februar 1910/21. Juni 1913 eine der Voraussetzungen des § 2 dieser Verordnung erfüllt ist. Die Zulassungsbescheinigung ist mit dem Vermerke nach § 4 dieser Verordnung zu versehen.

§ 7. Die Zulassung (§§ 2, 6) ist zu widerrufen, wenn das Fahrzeug mißbräuchlich, insbesondere zu anderen als den die Zulassung begründenden Zwecken benutzt wird.

§ 8. Ein Kraftfahrzeug, das entgegen den Vorschriften dieser Verordnung auf öffentlichen Wegen oder Plätzen verkehrt, kann von der höheren Verwaltungsbehörde ohne Entschädigung für dem Staate verfallen erklärt und eingezogen werden.

Gegen die Entscheidung der höheren Verwaltungsbehörde ist Beschwerde nur bei der Landeszentralbehörde zulässig. Die Landeszentralbehörde entscheidet endgültig.

§ 9. Vorstehende Vorschriften finden keine Anwendung auf Kraftfahrzeuge, die im Eigentume der Landesherren, der Mitglieder der landesherrlichen Familien und der Fürstlichen Familie Hohenzollern, der bei dem Deutschen Reiche oder einzelnen Bundesstaaten beglaubigten Vertreter anderer Staaten, der Postverwaltungen, der Heeresverwaltungen oder der Marineverwaltung stehen.

§ 10. Diese Verordnung tritt mit dem Tage ihrer Verkündung in Kraft. Der Bundesrat bestimmt den Zeitpunkt des Außerkrafttretens und erläßt die alsdann erforderlichen Übergangsvorschriften.

2. Bekanntmachung, betreffend die Regelung des Verkehrs mit Lastkraftfahrzeugen.

Vom 22. Dezember 1915 (RGBl. S. 835).

Der Bundesrat hat auf Grund des § 6 des Gesetzes über den Verkehr mit Kraftfahrzeugen vom 3. Mai 1909 (Reichs-Gesetzbl. S. 437) folgendes beschlossen:

1. Die höheren Verwaltungsbehörden werden ermächtigt, für die zum Verkehre zugelassenen Lastkraftfahrzeuge auf Antrag des Eigentümers von der Vorschrift im § 3 Abs. 2 der Verordnung über den Verkehr mit Kraftfahrzeugen vom 3. Februar 1910/21. Juni 1913, wonach die Radkränze der Fahrzeuge mit Gummi oder mit einem anderen elastischen Stoffe bereift sein müssen, Befreiung zu gewähren.

Die Ermächtigung gilt auch für solche Lastkraftfahrzeuge, die weiterhin zum Verkehre zugelassen werden, sofern sich diese Fahrzeuge am 31. Dezember 1915 im Deutschen Reiche oder in den von den deutschen Truppen besetzten feindlichen Gebietsteilen befinden.

2. Die höchstzulässige Fahrgeschwindigkeit beträgt bei den gemäß Ziffer 1 mit nicht elastischer Bereifung zugelassenen Lastkraftfahrzeugen:

a) sofern das Gesamtgewicht 5,5 Tonnen nicht übersteigt, außerhalb geschlossener Ortsteile 15 Kilometer, innerhalb geschlossener Ortsteile 12 Kilometer in der Stunde,

b) sofern das Gesamtgewicht 5,5 Tonnen übersteigt, außerhalb geschlossener Ortsteile 12 Kilometer, innerhalb geschlossener Ortsteile 8 Kilometer in der Stunde.

Die Fahrgeschwindigkeit kann, wenn die Verhältnisse es erfordern, von der höheren Verwaltungsbehörde auf ein geringeres Maß festgesetzt werden.

3. Die Erlaubnis zur Verwendung einer nicht elastischen Bereifung ist von der höheren Verwaltungsbehörde nur auf jederzeitigen Widerruf zu erteilen. Sie gilt nur für den Bezirk dieser Behörde, sofern nicht im Einvernehmen mit den in Betracht kommenden benachbarten Behörden ein weiterer Verkehrsbezirk festgesetzt wird.

4. Bei der Erteilung einer Erlaubnis hat die höhere Verwaltungsbehörde Bestimmungen über die zulässigen Höchstgeschwindigkeiten, den Verkehrsbereich und die Verkehrswege zu treffen; die Bestimmungen sind in die Zulassungsbescheinigung einzutragen.

5. Die Vorschriften unter 1 bis 4 finden auf Anhängewagen hinsichtlich der Befreiung von der Vorschrift im § 25 Abs. 1 Nr. 2 der Verordnung vom 3. Februar 1910/21. Juni 1913 mit der Maßgabe entsprechende Anwendung, daß von einem Lastkraftfahrzeuge nur ein mit nicht elastischer Bereifung versehener Anhängewagen mitgeführt werden darf

und daß die zulässige Höchstgeschwindigkeit außerhalb geschlossener Ortsteile 12 Kilometer und innerhalb geschlossener Ortsteile 8 Kilometer in der Stunde beträgt.

6. Für Lastkraftfahrzeuge und Anhängewagen, die im Eigentume der Militärverwaltung stehen, wird die Erlaubnis zur Verwendung einer nicht elastischen Bereifung von den für die Zulassung der militärischen Kraftfahrzeuge nach Maßgabe der Verordnung vom 23. Oktober 1914 (Reichs-Gesetzbl. S. 452) zuständigen Stellen erteilt. Die vorstehend in Ziffer 1 Abs. 2 vorgesehene Beschränkung gilt hier nicht.

7. Die vorstehenden Vorschriften treten mit dem 1. Januar 1916 in Kraft.

3. Bekanntmachung, betreffend Zulassung von Motorbooten zum Verkehr.

Vom 29. Juli 1915 (RGBl. S. 485).

§ 1. Motorboote dürfen nach dem 15. August 1915 nur verkehren, wenn sie zum Verkehr zugelassen sind.

§ 2. Die Zulassung eines Motorboots erfolgt auf Antrag des Eigentümers durch die für den ständigen Liegeplatz des Bootes zuständige höhere Verwaltungsbehörde auf jederzeitigen Widerruf, sofern für den Verkehr des Bootes ein öffentliches Bedürfnis besteht.

Ein öffentliches Bedürfnis darf nur anerkannt werden:

1. für den Verkehr der Motorboote, die zur ausschließlichen Benutzung im Dienste des Reichs, eines Bundesstaats oder einer Behörde bestimmt sind,
2. für den Verkehr von Motorbooten, die ausschließlich für Rettungszwecke, im Feuerlöschdienst oder von gemeinnützigen Anstalten zur Krankenbeförderung benutzt werden,
3. für den Verkehr von Motorbooten im Fährbetriebe sowie zur gewerbsmäßigen Beförderung von Personen und Sachen,

4. für den Verkehr anderer Motorboote, sofern von ihrer Zulassung die Ausübung eines im öffentlichen Interesse liegenden Berufs (Ärzte, Tierärzte und dergleichen) abhängt.

Die Zulassung von Motorbooten kann außerdem erfolgen, sofern ihr Verkehr zur Aufrechterhaltung gewerblicher Betriebe erforderlich ist.

§ 3. Der Antrag ist von dem Eigentümer des Motorboots schriftlich anzubringen.

Der Antrag muß enthalten:

1. den Namen und Wohnort des Eigentümers sowie den ständigen Liegeplatz des Bootes,
2. die Firma, die das Boot hergestellt hat,
3. die Bestimmung des Bootes,
4. die Angaben der Länge über alles (größte Länge vom Vordersteven bis zum Achtersteven oder Hinterkante Spiegel) und der größten äußeren Breite des Bootes,
5. die Bauart, die Fabriknummer und die Anzahl der Pferdestärken des Motors,
6. die Umstände, welche die Zulassung begründen,
7. die Angabe, wo der Verkehr stattfinden soll.

Die Stellung des Antrags ist bereits vor dem 15. August 1915 zulässig.

§ 4. Wird dem Antrag auf Zulassung stattgegeben, so erhält der Eigentümer eine Zulassungsbescheinigung nach anliegendem Muster.*)

Die Zulassungsbescheinigung ist bei dem Verkehr des Bootes mitzuführen und auf Verlangen den zuständigen Beamten zur Einsichtnahme auszuhändigen.

§ 5. Die höhere Verwaltungsbehörde hat über die von ihr zum Verkehr zugelassenen Motorboote eine Liste unter fortlaufender Nummer zu führen und auf dem laufenden zu erhalten.

*) Wird hier nicht mit abgedruckt.

§ 6. Die Zulassung ist zu widerrufen, wenn das Motorboot mißbräuchlich, insbesondere zu anderen als den die Zulassung begründenden Zwecken benutzt wird.

§ 7. Ein Motorboot, das entgegen den Vorschriften dieser Verordnung verkehrt, kann von der höheren Verwaltungsbehörde ohne Entschädigung für dem Staate verfallen erklärt und eingezogen werden.

Gegen die Entscheidung der höheren Verwaltungsbehörde ist Beschwerde bei der Landeszentralbehörde zulässig. Die Landeszentralbehörde entscheidet endgültig.

§ 8. Vorstehende Vorschriften finden keine Anwendung auf Motorboote, die im Eigentume der Landesherren, der Mitglieder der landesherrlichen Familien und der Fürstlichen Familie Hohenzollern, der bei dem Deutschen Reiche oder einzelnen Bundesstaaten beglaubigten Vertreter anderer Staaten, der Postverwaltungen, der Heeresverwaltungen oder der Marineverwaltung stehen.

§ 9. Diese Verordnung tritt mit dem Tage ihrer Verkündung in Kraft. Der Bundesrat bestimmt den Zeitpunkt des Außerkrafttretens und erläßt die alsdann erforderlichen Übergangsvorschriften.

XI.

Verschiedenes.

1. Gesetz, betreffend Abänderung des Gesetzes über den Belagerungszustand vom 4. Juni 1851.

Vom 11. Dezember 1915 (RGBl. S. 813).

§ 1. Bei Zuwiderhandlungen gegen § 9b des preußischen Gesetzes über den Belagerungszustand vom

4. Juni 1851 (Gesetz-Samml. 1851, S. 451) *) kann, wenn der Kriegszustand vom Kaiser erklärt ist (Artikel 68 der Reichsverfassung), bei Vorliegen mildernder Umstände auf Haft oder auf Geldstrafe bis zu fünfzehnhundert Mark erkannt werden.

§ 2. Dieses Gesetz tritt mit dem Tage der Verkündung in Kraft.

2. Gesetz, betreffend den Schutz von Berufstrachten und Berufsabzeichen für Betätigung in der Krankenpflege.

Vom 7. September 1915 (RGBl. S. 561).

§ 1. Wer Trachten oder Abzeichen, die im Deutschen Reiche als Berufstrachten oder Berufsabzeichen für die Betätigung in der Krankenpflege staatlich anerkannt sind, unbefugt trägt, wird mit Geldstrafe bis zu einhundertfünfzig Mark oder mit Haft bestraft.

§ 2. Die Anwendung der Vorschrift des § 1 wird durch Abweichungen in der Tracht oder in dem Abzeichen nicht ausgeschlossen, sofern ungeachtet dieser Abweichung die Gefahr einer Verwechslung vorliegt.

§ 3. Dieses Gesetz tritt am 1. Oktober 1915 in Kraft.

---

*) § 9b des Gesetzes lautet: Wer in einem in Belagerungszustand erklärten Orte oder Distrikte

a) . . . .

b) ein bei Erklärung des Belagerungszustandes oder während desselben vom Militärbefehlshaber im Interesse der öffentlichen Sicherheit erlassenes Verbot übertritt oder zu solcher Übertretung auffordert oder anreizt,

c) . . .

d) .

soll, wenn die bestehenden Gesetze keine höhere Freiheitsstrafe bestimmen mit Gefängnis bis zu einem Jahre bestraft werden.

3. Bekanntmachung zur Fernhaltung unzuverlässiger Personen vom Handel.

Vom 23. September 1915 (RGBl. S. 603).

I. Untersagung des Handelsbetriebs.

§ 1. Der Handel mit Gegenständen des täglichen Bedarfs, insbesondere Nahrungs- und Futtermitteln aller Art sowie rohen Naturerzeugnissen, Heiz- und Leuchtstoffen, oder mit Gegenständen des Kriegsbedarfs ist zu untersagen, wenn Tatsachen vorliegen, die die Unzuverlässigkeit des Handeltreibenden in bezug auf den Handelsbetrieb dartun. Das Handelsgewerbe, dessen Betrieb untersagt wird, ist genau zu bezeichnen. Die Untersagung ist im Amtsblatt der untersagenden Behörde und im Reichsanzeiger bekanntzugeben.

Bei der Feststellung der Tatsachen, welche die Unzuverlässigkeit in bezug auf den Handelsbetrieb dartun, sind insbesondere zu berücksichtigen Zuwiderhandlungen gegen die Vorschriften über Höchstpreise, Vorratserhebungen, Preisaushang und übermäßige Preissteigerung.

§ 2. Die Untersagung des Handelsbetriebs wirkt für das Reichsgebiet. Ist dem Handeltreibenden für den untersagten Handelsbetrieb ein Erlaubnisschein (Wandergewerbeschein, Legitimationskarte und dergleichen) erteilt, so hat die Untersagung den Verlust dieses Scheines ohne weiteres zur Folge.

Die Behörde, die den Betrieb untersagt hat, kann seine Wiederaufnahme gestatten, sofern seit der Untersagung mindestens drei Monate verflossen sind.

§ 3. Der Reichskanzler und die Landeszentralbehörden können anordnen, daß der Beginn des Handels mit Gegenständen der im § 1 Abs. 1 bezeichneten Art allgemein oder unter bestimmten Voraussetzungen einer Erlaubnis bedarf.

Die Erlaubnis darf nur untersagt werden, wenn gegen den Nachsuchenden Tatsachen vorliegen, die seine Unzuverlässigkeit in bezug auf den Handelsbetrieb dartun. Die Vorschrift des § 1 Abs. 2 findet entsprechende Anwendung.

Auf den Gewerbebetrieb im Umherziehen (Titel III der Reichsgewerbeordnung) sind die Vorschriften im Abs. 1, 2 nicht anzuwenden. Der Wandergewerbeschein und die Legitimationskarte sind aber zu versagen, wenn bei denjenigen, für welche sie beantragt werden, die im Abs. 2 bezeichneten Voraussetzungen zutreffen.

§ 4. Gegen die Untersagung des Betriebs (§ 1) und gegen die Versagung der Erlaubnis (§ 3) ist nur Beschwerde zulässig; sie hat keine aufschiebende Wirkung.

§ 5. Mit Gefängnis bis zu einem Jahre oder mit Geldstrafe bis zu zehntausend Mark wird bestraft:

1. wer der gegen ihn ergangenen Untersagung des Handelsbetriebs (§ 1) zuwiderhandelt,
2. wer den Handelsbetrieb ohne die nach § 3 erforderliche Erlaubnis beginnt.

II. Verschärfung der Strafen bei Preistreiberei.

§ 6. Im § 6 des Gesetzes, betreffend Höchstpreise, vom 4. August 1914 in der Fassung der Bekanntmachung vom 17. Dezember 1914 (Reichs-Gesetzbl. S. 516)*) wird folgender Abs. 2 eingefügt:

> In den Fällen der Nrn. 1 und 2 kann neben der Strafe angeordnet werden, daß die Verurteilung auf Kosten des Schuldigen öffentlich bekanntzumachen ist; auch kann neben Gefängnisstrafe auf Verlust der bürgerlichen Ehrenrechte erkannt werden.

§ 7. Im § 5 der Verordnung gegen übermäßige Preissteigerung vom 23. Juli 1915 (Reichs-Gesetzbl. S. 467)**) wird folgender Abs. 3 eingefügt:

> Neben Gefängnisstrafe kann auf Verlust der bürgerlichen Ehrenrechte erkannt werden.

---

*) Kriegs-Zivil- und Finanzgesetze (Guttentagsche Sammlung deutscher Reichsgesetze Nr. 116) S. 185.

**) Siehe unten Abschnitt XII Nr. 122.

III. Schlußbestimmungen.

§ 8. Die Landeszentralbehörden erlassen die Bestimmungen zur Ausführung der §§ 1 bis 4 dieser Verordnung.

§ 9. Diese Verordnung tritt mit dem Tage der Verkündung in Kraft. Der Reichskanzler bestimmt den Zeitpunkt des Außerkrafttretens.

4. Bekanntmachung,
betreffend Veräußerung von Kauffahrteischiffen an Nichtreichsangehörige.

Vom 21. Oktober 1915 (RGBl. S. 685).

§ 1. Alle Rechtsgeschäfte, durch die das Eigentum an Kauffahrteischiffen (Gesetz vom 22. Juni 1899, § 1, Reichs-Gesetzbl. 1899 S. 319, Reichs-Gesetzbl. 1901 S. 184) ganz oder teilweise an Nichtreichsangehörige übertragen werden soll, sind verboten.

Das gleiche gilt für Kauffahrteischiffe, die sich für Rechnung eines Reichsangehörigen im Bau befinden.

§ 2. Zuwiderhandlungen gegen diese Verordnung werden mit Gefängnis bis zu drei Jahren und mit Geldstrafe bis zu fünfzigtausend Mark oder mit einer dieser Strafen bestraft, sofern nicht nach anderen Strafgesetzen eine höhere Strafe verwirkt ist. Die Zuwiderhandlung ist auch strafbar, wenn ein Deutscher sie im Ausland begeht.

Der Versuch ist strafbar.

§ 3. Der Reichskanzler kann Ausnahmen von dem Verbote des § 1 zulassen.

§ 4. Diese Verordnung tritt mit dem Tage der Verkündung in Kraft.

Der Reichskanzler bestimmt, wann und in welchem Umfang diese Verordnung außer Kraft tritt.

5.*) Bekanntmachung, betreffend Verbot von Mitteilungen über Preise von Wertpapieren usw.

Vom 25. Februar 1915 (RGBl. S. 111).**)

§ 1. Solange für ein Wertpapier, das an einer deutschen Börse zum Börsenhandel zugelassen ist, infolge des gegenwärtigen Krieges eine amtliche Feststellung des Börsenpreises nicht stattfindet, dürfen in öffentlichen Bekanntmachungen oder in Mitteilungen, die für einen größeren Kreis von Personen bestimmt sind, zahlenmäßige Angaben darüber, welcher Preis für den Umsatz des Wertpapiers in Betracht kommt, insbesondere zahlenmäßige Angaben, die als Anhalt dafür dienen, zu welchem Preise das Wertpapier in letzter Zeit gehandelt worden ist, nicht gemacht werden. Dies gilt auch für zahlenmäßige Angaben über Veränderungen der Preise.

Ferner ist verboten, sich in öffentlichen Bekanntmachungen oder in Mitteilungen, die für einen größeren Kreis von Personen bestimmt sind, zu Angaben der im Abs. 1 bezeichneten Art zu erbieten.

Der Reichskanzler kann Ausnahmen zulassen.

---

*) Vergl. auch die folgenden Bekanntmachungen Nr. 6 und 7.

**) Über Zweck und Auslegung dieser Bekanntmachung äußert sich die Denkschrift über wirtschaftliche Maßnahmen aus Anlaß des Krieges (Reichst.-Drucks., 13. Leg.-Per., II. Sess. 1914/15, Nr. 44 S. 94) wie folgt:

„Amtliche Feststellungen der Preise von Wertpapieren, Devisen, Noten usw. finden nicht mehr statt, seitdem die deutschen Fondsbörsen mit dem Kriegsausbruch ihre Tätigkeit eingestellt haben. Allmählich wurden jedoch die freien Zusammenkünfte der Börsenbesucher, die insbesondere in den Sälen der Berliner Börse stattfinden, immer mehr auch dem Zwecke des Handels mit Wertpapieren dienstbar gemacht. Dabei entwickelte sich eine recht regellose Spekulation namentlich in Werten solcher Unternehmungen, welche an Kriegslieferungen beteiligt sind. Die berufsmäßige Spekulation, die monatelang zur Untätigkeit verurteilt war, griff die sich bietende Gelegenheit zur Betätigung lebhaft auf und war nun bestrebt, das Publikum, ohne dessen Beteiligung der Verkehr bald hätte einschlafen müssen, heranzuziehen. Die Tageszeitungen haben sich zwar bis dahin geweigert, die Spekulation durch Veröffentlichung der im freien Handel bezahlten oder genannten Kurse zu fördern. Es wurden aber in immer

§ 2. Die Vorschriften des § 1 gelten entsprechend für ausländische Geldsorten und Noten sowie für Wechsel, Schecks und Auszahlungen auf das Ausland.

§ 3. Wer den Vorschriften des § 1 oder 2 zuwiderhandelt, wird mit Geldstrafe bis zu eintausend Mark oder mit Haft oder mit Gefängnis bis zu sechs Monaten bestraft.

§ 4. Diese Verordnung tritt am 1. März 1915 in Kraft. Der Reichskanzler bestimmt den Zeitpunkt des Außerkrafttretens.

6. Bekanntmachung, betreffend Verbot von Mitteilungen über Preise von Wertpapieren usw.

Vom 25. Februar 1915 (RGBl. S. 112).

Auf Grund des § 1 Abs. 3 der Bekanntmachung, betreffend Verbot von Mitteilungen über Preise von Wertpapieren usw.,

---

größerem Umfang private Kurszettel versandt. Bei Fortgang dieses Unwesens wären auch die Zeitungen mehr und mehr zur Veröffentlichung jener Kurse gedrängt worden und hätten ihre bisherige Zurückhaltung kaum beibehalten können.

Da die Bestimmungen des Börsengesetzes nicht ausreichen und das Einschreiten gegen einzelne Teilnehmer solcher freien Zusammenkünfte keinen durchgreifenden Erfolg versprach, so mußten besondere Vorschriften erlassen werden. . . . . . .

Die Vorschriften sind im Hinblick auf die Auslegung, die in der Rechtsprechung die §§ 42, 43 des Börsengesetzes gefunden haben, möglichst weit gefaßt. Zu den an einer deutschen Börse zugelassenen Wertpapieren gehören auch alle Reichs- und Staatsanleihen gemäß § 39 des Börsengesetzes. Was unter Mitteilungen, die für einen größeren Kreis von Personen bestimmt sind, zu verstehen ist, hat sich durch die Rechtsprechung des Reichsgerichts zum Reichsgesetz über den unlauteren Wettbewerb, woraus der Ausdruck entnommen ist, geklärt (zu vergl. insbesondere Entsch. des Reichsgerichts in Strafsachen Band 40 S. 123 [129 ff.]). Es fallen darunter auch die Zirkulare, die jetzt von manchen Bankgeschäften an ihre Kundschaft versandt zu werden pflegen, ohne Rücksicht darauf, ob dabei bemerkt wird, daß der Versender zu dem mitgeteilten Preise Käufer oder Verkäufer sei. Einzelmitteilungen im geschäftlichen Verkehr eines Bankiers an seinen Kunden fallen nicht unter das Verbot des Entwurfs."

vom 25. Februar 1915 (Reichs-Gesetzbl S. 111)*) bestimme ich**):

Bekanntmachungen oder Mitteilungen über Kurse ausländischer Börsen für Wertpapiere, Geldsorten, Noten, Wechsel, Schecks und Auszahlungen sind bis auf weiteres zulässig.

7. Bekanntmachung, betreffend Verbot von Mitteilungen über Preise von Wertpapieren usw.

Vom 17. März 1915 (RGBl. S. 154).

Auf Grund des § 1 Abs. 3 der Bekanntmachung, betreffend Verbot von Mitteilungen über Preise von Wertpapieren usw. vom 25. Februar 1915 (Reichs-Gesetzbl. S. 111)***) bestimme ich**):

Zahlenmäßige Angaben der im § 1 Abs. 1 der genannten Bekanntmachung bezeichneten Art über ausländische Geldsorten und Noten sowie über Wechsel, Schecks und Auszahlungen auf das Ausland sind zwischen Personen, die das Bankier- oder Geldwechslergeschäft gewerbsmäßig betreiben, bis auf weiteres zulässig.

8. Bekanntmachung über die Beschäftigung von Gefangenen mit Außenarbeit.

Vom 4. März 1915 (RGBl. S. 327).

§ 1. Während der Dauer des gegenwärtigen Krieges können die zu Gefängnisstrafe Verurteilten ohne ihre Zustimmung außerhalb der Gefangenenanstalt beschäftigt werden.

§ 2. Die Verordnung tritt mit dem Tage der Verkündung in Kraft. Sie findet Anwendung auch auf Personen, die bereits vor ihrem Inkrafttreten zu Gefängnisstrafe verurteilt sind.

---

*) Die vorhergehende Bekanntmachung (Nr. 5).

**) Der Stellvertreter des Reichskanzlers.

***) Die Bekanntmachung oben Nr. 5.

9. Bekanntmachung, betreffend die Befreiung gewisser unter Nr. 3 des Tarifs zum Reichsstempelgesetze fallender Inhaber-Schuldverschreibungen von der Reichsstempelabgabe.

Vom 17. März 1915 (RGBl. S. 155).

Die Bekanntmachung des Reichskanzlers vom 18. September 1914 (Reichs-Gesetzbl. S. 411) *) findet auch auf solche unter Nr. 3 des Tarifs zum Reichsstempelgesetze fallende Inhaber-Schuldverschreibungen Anwendung, die zur Gewährung von Darlehen ohne Hypothekenausstellung ausgereicht werden (Kreditbriefe), sofern die Ausreichung von Korporationen ländlicher oder städtischer Grundbesitzer und an Kommunen, Kommunalverbände oder Kommunalkreditanstalten erfolgt und sofern die Darlehnsnehmer keine höheren Zinsen, als zu welchen die Schuldverschreibungen ausgegeben sind, daneben aber nur solche einmalige oder laufende Zahlungen zu leisten haben, welche nach Entscheidung der obersten Landesfinanzbehörde lediglich einen Ersatz der dem Darlehnsgeber erwachsenden Verwaltungskosten darstellen.

---

*) Kriegs-Zivil- und Finanzgesetze (Guttentagsche Sammlung deutscher Reichsgesetze Nr. 116) S. 71.

XII.

Wirtschaftliche Verordnungen
über
Volksernährung, Beschlagnahme u. dgl.
in zeitlicher Reihenfolge
mit kurzer Inhaltsangabe und Verweisungen auf
zusammengehörige Verordnungen aufgeführt.

Das folgende Sachverzeichnis dient als Führung und weist durch Nennung der Nummer der Verordnungen Zusammengehöriges nach.

Sachverzeichnis.

Nr.	Tag u. Monat d. Bek.	RGBl. 1915	Die Bekanntmachung betrifft: (in kleinem Druck: Inhalt der Bekanntmachungen und Verweisungen)
	Jan.		
1.	5.	3	**Ausmahlen von Brotgetreide** Aufgehoben mit Nr. 22 u. 61 durch Nr. 90.
2.	5.	6	**Verfüttern von Brotgetreide, Mehl und Brot** Verbot der Verfütterung. Aufgehoben durch VO. Nr. 91. — Vgl. auch Nr. 5 u. 43.
3.	5.	8	**Bereitung von Backware** Bestimmungen über die Bereitung und die Stückgröße von Brot u. Kuchen. — Vgl. auch Nr. 23, 45, 46.
4.	21.	25	**Änderung des Gesetzes, betr. Höchstpreise vom 4. Aug 1914, in der Fassung der Bek. vom 17. Dez. 1914** Kleine technische Änderungen.
5.	21	26	**Änderung der Bek über das Verfüttern von Brotgetreide, Mehl und Brot v. 5 Jan. 1915** Im wesentlichen Ausdehnung der VO. oben Nr. 2 auf Hafer. — Vgl. Nr. 43.
6.	21.	30	**Füttern der Tiere auf Schlachtviehmärkten und Schlachtviehhöfen** Einschränkung der Futterarten u. d. Fütterungszeit.
7.	21.	32	**Vorübergehende Abgabenfreiheit für Salz** Abgabenfreiheit für Salz zum Räuchern, Marinieren u. dgl. — Vgl. auch Nr 83.
8.	21.	34	**Vorübergehende Erleichterung der Untersuchung von Schlachtvieh** Unter Umständen genügt Untersuchung nach der Schlachtung.
9.	25.	35	**Regelung des Verkehrs mit Brotgetreide u. Mehl** Vgl. auch Nr. 13, 17, 33 u. 36, aufgehoben durch Nr. 89.
10.	25.	45	**Sicherstellung von Fleischvorräten** Verpflichtung der Kommunen, Vorräte an Dauerwaren sicherzustellen, Regelung des Verfahrens dabei und der Preise. — Vgl. auch Nr. 24. — Außer Kraft durch Nr. 63.
	Febr.		
11.	2.	54	**Vorratserhebungen** Auskunftspflicht u. Untersuchungsrecht. Aufhebung der VO. v. 24. Aug. u. 15. Okt. 1914— Vgl. Nr. 147 und 180.

Nr.	Tag u. Monat d. Bek.	RGBl. 1915	Die Bekanntmachung betrifft: (in kleinem Druck: Inhalt der Bekanntmachungen und Verweisungen)
	Febr.		
12.	4.	57	Regelung des Brennereibetriebs und des Branntweinverkehrs Erhöhung des Durchschnittsbrandes, Ersatz des Zuckers usw. — Anschluß an die VO. v. 15. 10. 1914. — Vgl. auch Nr. 30.
13.	6.	65	Änderung der Bek. über die Regelung des Verkehrs mit Brotgetreide und Mehl vom 25. Jan. 1915 Zu Nr. 9; aufgehoben durch Nr. 89.
14.	8.	67	Verarbeitung von Nachprodukten der Zuckerfabrikation und von Melasse Verbote.
15.	12.	73	Ergänzung der Verordnung, betr. Regelung des Verkehrs mit Zucker usw. vom 31 Okt. 1914 Vgl. auch Nr. 52, 69, 109 u. Ausf.Best., Ztrbl. f. d. D. R. S. 120.
16.	12.	78	Zuckerhaltige Futtermittel Absatz nur durch die Bezugsvereinigung der deutschen Landwirte, G. m. b. H. — Anzeigepflicht. Preisbestimmungen. - Vgl. Nr. 54, 71, ferner eine Bek. v. 19. Febr. 1915 (RGB. S. 103) u. 26. Febr. 1915 (Ztrbl. f. d. D. R. S. 50).
17.	13.	81	Regelung des Verkehrs mit Hafer Vgl. auch Nr. 38, 42, aufgehoben durch Nr. 93.
18.	13.	89 91	Höchstpreise für Hafer und über die Erhöhung des Haferpreises.
19.	11.	93	Ein- und Durchfuhr von Erzeugnissen feindlicher Länder Reichskanzler zu Verboten ermächtigt. — Vgl. auch Ztrlbl. f. d. D. R. S. 463.
20.	15.	97	Einschränkung der Malzverwendung in den Bierbrauereien Nur 60 Proz. der früheren Verwendung. Einige Ausnahmen. Verkehr. Verfahren. — Vgl. auch Nr. 127.
21.	18.	99	Verbot der Verwendung von Mehl jeder Art zur Herstellung von Seife.
22.	18.	100	Änderung der Bek. über das Ausmahlen von Brotgetreide vom 5. Jan. 1915 Änderung der VO. Nr. 1. — Vgl. auch Nr. 61.

Nr.	Tag u. Monat d. Bek.	RGBl. 1915	Die Bekanntmachung betrifft: (in kleinem Druck: Inhalt der Bekanntmachungen und Verweisungen)
23	Febr. 18.	100	**Änderung der Bek. über die Bereitung von Backware vom 5. Jan. 1915** Kleine Änderungen der VO. Nr. 3.
24.	25.	109	**Änderung der Bek. über die Sicherstellung von Fleischvorräten vom 25 Jan. 1915** Vgl. Nr. 10. Außer Kraft durch VO. Nr. 63.
25	25.	118	**Regelung des Absatzes von Erzeugnissen der Kartoffeltrocknerei und der Kartoffelstärkefabrikation** Ablieferungspflicht an die Trockenkartoffel-Verwertungs-Gesellschaft m. b. H. — Vgl. auch eine Bek. vom 26. Febr. 1915 (Ztrlbl. f. d. D. R. S. 49). — Außer Kraft gesetzt, s. Nr. 156.
26	25.	123	**Anwendung der Vertragszollsätze** Anwendung auf Waren, die aus Belgien, Frankreich und Rußland durch die Heeres- oder Marineverwaltung oder durch Kriegsgesellschaften eingeführt werden.
27	März 2.	125	**Wochenmarktverkehr** Kann durch Marktordnung beschränkt werden.
28.	4.	126	**Anbau von Zuckerrüben** Reduzierung der Verträge.
29.	4.	127	**Erhebungen der Vorräte von Kartoffeln** Anzeigepflicht. Untersuchungsbefugnis der Behörde.
30.	4.	131	**Weitere Regelung des Branntweinverkehrs** Anschluß an VO. Nr. 12, betrifft Preisfestsetzung.
31.	4.	132	**Vornahme von Zwischenzählungen der Schweine am 15. März und 15. April 1915**
32.	8.	135	**Vorübergehende Zollerleichterungen** Eine ganze Reihe von Waren (Cerealien, Fett, Metalle usw.) werden namentlich aufgeführt.
33.	9.	139	**Regelung des Verkehrs mit Gerste** Vgl. auch Nr. 17 und 34; aufgehoben durch Nr. 92.
34.	9.	139	**Änderung der Bek. über die Regelung des Verkehrs mit Gerste** Änderung zu Nr. 33; aufgehoben durch Nr. 92.

Nr.	Tag u. Monat d. Bek.	RGBl. 1915	Die Bekanntmachung betrifft: (in kleinem Druck: Inhalt der Bekanntmachungen und Verweisungen)
	März		
35.	9.	145	Änderung der Bek. über die Höchstpreise für Roggen, Gerste und Weizen vom 19. Dez. 1914 Erhöhung der Höchstpreise, aufgehoben durch Nr. 115.
36.	9.	147	Ausführung der VO. vom 25. Jan. 1915 über die Regelung des Verkehrs mit Brotgetreide und Mehl Bezieht sich auf Nr. 9.
37.	12. u. 19. Febr.	151 u 103	Verwendung von Rohzucker (Erstprodukt) 65 Proz. dem Inlandsverbrauch vorbehalten. Art der Verteilung des übrigen.
38.	24.	182	Änderung der Bek über die Regelung des Verkehrs mit Hafer vom 13. Febr. 1915 Zu Nr. 17; aufgehoben durch Nr. 93.
39.	26.	183	Bek. betreffend den Ausschank und Verkauf von Branntwein oder Spiritus Ausschank- und Verkaufsbeschränkungen durch die Landeszentralbehörde.
40.	26.	184	Änderung der Bek. über die Höchstpreise für Roggen, Gerste und Weizen vom 19. Dez. 1914 Ausnahmen fur die Kriegsgetreide-Gesellschaft und die Kommunalverbände.
41.	31.	195	Verkehr mit Futtermitteln Anzeigepflicht. Absatz nur durch die Bezugsvereinigung der deutschen Landwirte G. m. b. H. — Vgl. auch Nr. 72. — Außer Kraft gesetzt durch VO. Nr. 98.
42.	31.	200	Änderung der Bek. über die Regelung des Verkehrs mit Hafer vom 13. Febr. 1915 Zu Nr. 17 und Nr. 38; aufgehoben durch Nr. 93.
43.	31.	201	Änderung der Bek über das Verfüttern von Roggen, Weizen, Hafer, Mehl und Brot vom 21. Jan. 1915 Kleine Änderung der VO Nr. 2 u. 5. Aufgehoben durch Nr. 91.
44.	31. u 15. Febr.	202 u. 95	Änderung der Bek. über Höchstpreise für Speisekartoffeln Vgl. auch Nr. 56, 142.

Nr.	Tag u. Monat d. Bek.	RGBl. 1915	Die Bekanntmachung betrifft: (in kleinem Druck: Inhalt der Bekanntmachungen und Verweisungen)
	März		
45.	31.	203	Änderung der Bek. über die Bereitung von Backware vom 5. Jan. 1915 Einige Erleichterungen der VO. Nr. 3; vgl. Nr. 46.
46.	31.	204	Fassung der Bek über die Bereitung von Backware Zusammenfassende Veröffentlichung von Nr. 3 u. 45.
47.	31.	208	Einschränkung der Trinkbranntweinerzeugung Keine Überführung unverarbeiteten Branntweins in den freien Verkehr. Spätere Wiederzulassung möglich. — Vgl. auch Nr. 60, 68, 96, 97, 165, 191, 224, 238. — Auch erging eine Ausf. Best., s. Ztrbl. f. d. D. R. S. 123.
48.	31.	210	Sicherung der Ackerbestellung Entziehung ungenutzten Bodens zur Bestellung durch den Kommunalverband.
49.	31.	211	Verwendung von Erdölpech und die Herstellung von Fußbodenöl An die Stelle dieser Verordnung ist diejenige unter Nr. 62 getreten.
	April		
50.	12.	217	Regelung des Verkehrs mit Kartoffeln Gründung einer „Reichsstelle für Kartoffelversorgung", Festsetzung ihrer Aufgaben und Befugnisse.
51.	12.	222	Höchstpreise für Kupfervitriol.
52.	15.	223	Änderung der Verordnung, betreffend Verkehr mit Zucker, vom 12. Febr 1915 Kleine Änderung der VO. Nr. 15. — Vgl. auch Nr. 69, 109.
53.	15.	223	Menge des zum steuerpflichtigen Inlandverbrauch abzulassenden Zuckers.
54.	15.	224	Änderung der Bek. über zuckerhaltige Futtermittel vom 12. Febr 1915 Änderung namentlich der Preisfestsetzungen zur VO. Nr. 16.
55.	15. u. 25. Febr.	225 u. 116	Höchstpreise für Futterkartoffeln und Erzeugnisse der Kartoffeltrocknerei sowie der Kartoffelstärkefabrikation Vgl. Nr. 157.

Nr.	Tag u. Monat d. Bek.	RGBl. 1915	Die Bekanntmachung betrifft: (in kleinem Druck: Inhalt der Bekanntmachungen und Verweisungen)
	April		
56.	15.	226	Ausnahmen von den Höchstpreisen für Speisekartoffeln Zu Nr. 44.
57.	22.	237	Reis Anzeigepflicht, Übernahme durch Zentral-Einkaufs-Gesellschaft m. b. H.
58.	22.	241	Vornahme einer Erhebung der Vorräte von Getreide und Mehl am 9. Mai 1915 Näheres über Umfang, Verfahren.
59.	23.	263	Verarbeitung von Topinamburs sowie von Rüben und Rübensäften in Brennereien im Betriebsjahr 1915/16.
60.	28.	265	Freigabe von Branntwein zur Versteuerung im Mai 1915 Zu Nr. 47.
61.	29.	268	Änderung der Bek. über das Ausmahlen von Brotgetreide vom 5. Jan 1915 Milderung der VO. Nr. 1. — Vgl. auch Nr. 22.
62.	29.	275	Verwendung von Erdölpech und Öl Trat an Stelle der VO. Nr. 49.
	Mai		
63.	6.	271	Außerkrafttreten der Bek. über die Sicherstellung von Fleischvorräten vom 25 Jan. 1915 und die Bek., betr. Änderung der Bek. über die Sicherstellung von Fleischvorräten vom 25. Febr 1915 Außerkraftsetzung der VO. Nr. 10 u. 24.
64.	7.	273	Verarbeitung von Tapioka in den Brennereien im Betriebsjahr 1914/15.
65.	12.	277	Bek. über vorübergehende Zollerleichterungen Fruchtsäfte u. dergl.
66.	17.	279	Malz Anzeigepflicht an den Deutschen Brauerbund E. V., Absatz nur durch diesen, im Notfall Zwangsübertragung und obrigkeitliche Preisfestsetzung. — Vgl. Nr. 128.
67.	20.	287	Verfüttern von grünem Roggen und Weizen Landeszentralbehörden können Verbot erlassen.

Nr.	Tag u. Monat d. Bek.	RGBl. 1915	Die Bekanntmachung betrifft: (in kleinem Druck: Inhalt der Bekanntmachungen und Verweisungen)
	Mai		
68.	20.	299	Freigabe von Branntwein zur Versteuerung im Juni 1915 Zu Nr. 47. - Vgl. auch Nr. 60.
69.	27.	307	Ergänzung der VO., betr. Verkehr mit Zucker Kleine Ergänzung zu Nr. 15. — Vgl. auch Nr. 52 u. 109.
70.	27.	308	Verbrauchszucker Anzeigepflicht an die Zentral-Einkaufs-Gesellschaft m. b. H., Absatz durch diese usw. ähnlich der VO. über Malz oben Nr. 66. — Vgl. ferner Nr. 87, 110, 120 u. Ztrbl. f. d. D. R. S. 391.
71.	27.	312	Ergänzung der Bek über zuckerhaltige Futtermittel Einige Neuerungen zu Nr. 16. — Vgl. auch Nr. 54.
72.	27.	315	Änderung der Bek. über den Verkehr mit Futtermitteln vom 31. März 1915 Kleine Veränderungen für die VO. Nr. 41. — Außer Kraft gesetzt durch die VO. Nr. 98.
73.	27.	316	Höchstpreise für schwefelsaures Ammoniak.
74.	27.	317	Außerkrafttreten der Bek. über die Höchstpreise für schwefelsaures Ammoniak vom 10. Dez 1914.
75.	27.	317	Vorübergehende Einfuhrerleichterungen Bezieht sich auf frische Küchengewächse.
	Juni		
76.	4.	325	Zulassung von Strafbefehlen bei Vergehen gegen Vorschriften über wirtschaftliche Maßnahmen.
77.	4.	326	Betriebsauflage für den Sommerbrand in landwirtschaftlichen Brennereien im Betriebsjahr 1914/15.
78.	10.	331	Ernteflächenerhebung Erhebung vom 1. bis 4. Juli.
79.	11.	339	Ergänzung der Bestimmungen zur Ausführung des Gesetzes über den Absatz von Kalisalzen Geringfügiger Zusatz.
80.	15.	340	Höchstpreise für Erzeugnisse aus Nickel Aufgehoben durch Nr 131.

Nr.	Tag u. Monat d. Bek.	RGBl. 1915	Die Bekanntmachung betrifft: (in kleinem Druck: Inhalt der Bekanntmachungen und Verweisungen)
	Juni		
81.	17.	341	Verbot des Vorverkaufs der Ernte des Jahres 1915 und des Vorverkaufs von Zucker Vgl. Nr. 84, 100, 106, 119, 123, 141, 158, 172, 178
82.	17.	343	Verarbeitung von Kartoffeln in den Brennereien.
83.	17.	344	Abgabenfreie Verwendung von Salz zum Einsalzen von Garneelen (Krabben) Vgl. Nr. 7.
84.	22.	345	Verbot des Vorverkaufs von Ölfrüchten der Ernte des Jahres 1915 Außer Kraft gesetzt durch Nr. 123. — Vgl. auch Nr. 81, 100, 106, 119, 172.
85.	24.	352	Verkauf von Fleisch- und Fettwaren durch die Gemeinden Befugnis der Gemeinden, den Weiterverkauf zu beschränken und die Preise festzusetzen.
86.	24.	353	Aushang von Preisen in Verkaufsräumen des Kleinhandels Vgl. auch Nr. 122 u 161.
87.	24.	355	Wiederholung der Anzeige der Bestände von Verbrauchszucker Gemäß Nr. 70. — Vgl. Nr. 110 u. Ztrbl. f. d. D. R. S. 391 u. 466.
88.	24.	357	Sicherstellung von Kriegsbedarf Enteignung gegen Preisentschädigung. Beschlagnahme. — Vgl. auch Nr. 121 u. 218.
89.	28.	363	Verkehr mit Brotgetreide und Mehl aus dem Erntejahr 1915 I. Beschlagnahme. II. Reichsgetreidestelle. III. Bewirtschaftung des Brotgetreides IV. Ausmahlen und Mehlverkehr. V Verbrauchsregelung. VI. Ausführungsvorschriften. VII. Übergangs- und Schlußvorschriften. — Vgl. Nr. 104, 105, 106, 112, 124, 125, 130, 135: ferner 92 u. 93. Diese VO. hebt die VO. Nr. 9 und 13 auf.
90.	28.	379	Ausmahlen von Brotgetreide Ausmahlen des Roggens bis 82 Proz., des Weizens bis 80 Proz. Befugnisse der Reichsgetreidestelle. — Hierdurch wird aufgehoben VO. Nr. 1 mit 22 u. 61.

Nr.	Tag u. Monat d. Bek.	RGBl. 1915	Die Bekanntmachung betrifft: (in kleinem Druck: Inhalt der Bekanntmachungen und Verweisungen)
	Juni		
91.	28.	381	Verfüttern von Brotgetreide, Mehl und Brot Verfütterungsverbote. Diese VO. tritt an Stelle der VO. Nr. 2 u. 43.
92.	28.	384	Verkehr mit Gerste aus dem Erntejahr 1915 I. Beschlagnahme. II. Lieferung der Gerste. III. Verbrauchsregelung. IV. Ausführungsvorschriften. V. Übergangs- und Schlußvorschriften (inhaltlich ähnlich der VO. Nr. 89 u. 93). — Vgl. auch Nr. 114, 177. — Hierdurch wird aufgehoben Nr. 33 u. 34.
93.	28.	393	Regelung des Verkehrs mit Hafer I. Beschlagnahme. II. Enteignung. III. Verbrauchsregelung. IV. Ausländischer Hafer. V. Ausführungsbestimmungen. VI. Schlußbestimmungen. — Vgl. Nr. 82 u. 92; ferner 108, 114, 150. — Hierdurch wird aufgehoben Nr. 17, 38, 42.
94.	28.	399	Verkehr mit Kraftfuttermitteln Absatz durch die Bezugsvereinigung der deutschen Landwirte. Anzeigepflicht usw. — Vgl. auch Nr. 114, 126, 133, 153, 199 u. Ztrbl. f. d. D. R. S. 359.
95.	28.	405	Zuckerhaltige Futtermittel Inhaltlich ganz ähnlich der VO. Nr. 87. — Vgl. auch Nr. 114 u. Ztrbl. f. d. D. R. S. 421. — Aufgehoben durch Nr. 162.
96.	28.	409	Änderung der Bek., betr. Einschränkung der Trinkbranntweinerzeugung, vom 31. März 1915 Zu Nr. 47, aufgehoben durch Nr. 191. — Vgl. auch Nr. 97, 165.
97.	28.	410	Freigabe von Branntwein zur Versteuerung im Juli, August und September 1915 Zu Nr. 47 u. 96. — Vgl. auch Nr. 165.
98.	29.	412	Außerkrafttreten der VO. über den Verkehr mit Futtermitteln vom 31. März 1915 und der VO., betr. eine Änderung dieser VO. vom 27. Mai 1915 Setzt VO. Nr. 41 u. 72 außer Kraft.
	Juli		
99.	1.	416	Anwendung der Vertragszollsätze auf belgisches Obst.

Nr.	Tag u. Monat d. Bek.	RGBl. 1915	Die Bekanntmachung betrifft: (in kleinem Druck: Inhalt der Bekanntmachungen und Verweisungen)
	Juli		
100.	7.	419	Verbot des Vorverkaufs von Erzeugnissen der Kartoffeltrocknerei sowie der Kartoffelstärkefabrikation aus der inländischen Ernte des Jahres 1915 Vgl. Nr. 81 u. 172; ferner 84, 106, 119, 123.
101.	8.	420	Höchstpreise für Petroleum und die Verteilung der Petroleumbestände Vgl. auch Nr. 179.
102.	8.	423	Zollfreiheit für Halbzeug der Tarifnummer 650 Halbstoff zur Papierbereitung, Holzmasse usw.
103.	8.	424	Lohnverarbeitung von Kartoffeln in kleineren Brennereien Befreiung von Nachzahlung der Verbrauchsabgabe.
104.	10.	425	Außerkrafttreten von Vorschriften der Bundesratsverordnung über die Regelung des Verkehrs mit Brotgetreide und Mehl vom 25 Jan. 1915 Zu Nr. 89.
105.	10.	426	Inkrafttreten von Vorschriften der Bundesratsverordnung über den Verkehr mit Brotgetreide und Mehl aus dem Erntejahr 1915 vom 28. Juni 1915 Bezieht sich auf die VO. Nr. 89.
106.	10.	426	Ausnahme von dem Verbote des Vorverkaufs der Ernte des Jahres 1915 und des Vorverkaufs von Zucker vom 17. Juni 1915 Ausnahme von Nr. 81. — Vgl. ferner Nr. 84, 100. 119, 123, 172.
107.	12.	427	Errichtung von Vertriebsgesellschaften für den Steinkohlen- und Braunkohlenbergbau Vgl. Nr. 144 u. 145.
108.	11.	430	Inkrafttreten der Verordnung über die Regelung des Verkehrs mit Hafer vom 28. Juni 1915 Bezieht sich auf die VO. Nr. 93.
109.	15.	436	Weitere Ergänzung der VO., betr. Verkehr mit Zucker Zu Nr. 69. — Vgl auch Nr 15 u. 52.

Nr.	Tag u. Monat d. Bek.	RGBl. 1915	Die Bekanntmachung betrifft: (in kleinem Druck: Inhalt der Bekanntmachungen und Verweisungen)
	Juli		
110.	15.	437	Änderung der Bek. über Verbrauchszucker Zu Nr. 70, betrifft den Preis. — Vgl. Nr. 87, 120 u. Ztrbl. f. d. D. R. S. 336 u. 343.
111.	15.	438	Verkehr mit Ölfrüchten und daraus gewonnenen Produkten Ablieferung an den Kriegsausschuß für pflanzliche und tierische Öle und Fette G. m. b. H. Anzeigepflicht usw. — Vgl. Nr. 129, 175 u. Ztrbl. f. d. D. R. S. 371.
112.	17.	443	Inkrafttreten von Vorschriften der Bundesratsverordnung über den Verkehr mit Brotgetreide und Mehl aus dem Erntejahr 1915 vom 28. Juni 1915 Bezieht sich auf VO. Nr. 89.
113.	22.	453	Vorübergehende Zollerleichterungen Für Gerbrinden u. dgl
114.	23.	455	Errichtung einer Reichsfuttermittelstelle Namentlich zur Durchführung der VO. Nr. 89, 92, 93, 94, 95.
115.	23.	458	Höchstpreise für Brotgetreide Festsetzung von Höchstpreisen. — Hebt Nr. 35 nebst der Bek. vom 19. Dezember 1914 auf.
116.	23.	461	Änderung der VO. über den Verkehr mit Brotgetreide und Mehl aus der Ernte 1915 vom 28. Juni 1915 Kleine Änderung zu Nr 89.
117.	23.	462	Höchstpreise für Gerste Hebt Nr. 35 nebst der Bek. vom 19. Dez. 1914 auf.
118.	23.	464 492	Höchstpreise für Hafer Hebt die VO. Nr. 18 auf.
119.	23.	465	Aufhebung des Verbots der Kaufverträge über Brotgetreide, Gerste und Hafer Vgl. auch Nr. 81, 84, 100, 106, 123, 172.
120.	23.	466	Wiederholung der Anzeige der Bestände von Verbrauchszucker Vgl. Nr. 87, ferner Nr. 70, 110.

Nr.	Tag u. Monat d. Bek.	RGBl. 1915	Die Bekanntmachung betrifft: (in kleinem Druck: Inhalt der Bekanntmachungen und Verweisungen)
121.	Juli 22.	469	**Verfahren vor dem Reichsschiedsgericht für Kriegsbedarf** Für Streitfälle über den Übernahmepreis der Gegenstände nach VO. Nr. 88.
122.	23.	467	**Gegen übermäßige Preissteigerung** Gegen den Lebens- und Bedarfsmittel-Wucher. — Vgl auch Nr. 86, 137 u. 161.
123.	24.	476	**Außerkrafttreten der Verordnung über das Verbot des Vorverkaufs von Ölfrüchten der Ernte des Jahres 1915 vom 22. Juni 1915** Setzt Nr. 84 außer Kraft. — Vgl. auch Nr. 81, 100, 106, 119, 172.
124.	27.	477	**Handel mit Mehl** Beschränkung der Freizügigkeit. — Vgl. auch Nr. 89.
125.	28.	483	**Übergang der Geschäfte der Reichsverteilungsstelle auf die Reichsgetreidestelle** Vgl. auch Nr. 9 u. 89.
126.	Aug. 5.	489	**Ergänzung der Verordnung über den Verkehr mit Kraftfuttermitteln vom 28. Juni 1915** Kleine Ergänzungen zu Nr. 94.
127.	5.	490	**Änderung der VO., betr. Einschränkung der Malzverwendung in den Bierbrauereien, vom 15. Febr. 1915** Erleichterung zu Nr. 20.
128.	5.	491	**Änderung der VO. über Malz vom 17. Mai 1915** Kleine Änderung zu Nr. 66.
129.	5.	491	**Vergütung für Ölfrüchte** Zu Nr. 111.
130.	13.	499	**Inkrafttreten von Vorschriften der Bundesratsverordnung vom 28. Juni 1915 über den Verkehr mit Brotgetreide und Mehl aus dem Erntejahr 1915** Zu Nr 89.

Nr.	Tag u. Monat d. Bek.	RGBl. 1915	Die Bekanntmachung betrifft: (in kleinem Druck: Inhalt der Bekanntmachungen und Verweisungen)
	Aug.		
131.	13.	501	Außerkraftsetzung der Bek. über die Festsetzung von Höchstpreisen für Erzeugnisse aus Kupfer, Messing und Aluminium, vom 28. Dez. 1914 und der Bek. über die Höchstpreise für Erzeugnisse aus Nickel vom 15. Juni 1915 Hebt die BO. Nr. 80 nebst derjenigen vom 28. Dez. 1914 auf.
132.	19.	503	Ausdehnung der VO. über den Verkehr mit Kraftfuttermitteln vom 28. Juni 1915 auf weitere Futtermittel Zu Nr. 94. Ausdehnung auf Kartoffelpülpe u. Treber.
133.	19.	504	Preise und sonstige Vergütungen für Kraftfuttermittel Zu Nr. 94.
134.	19.	507	Verkehr mit Kakaoschalen Verkaufsbeschränkungen. — Vgl. auch Nr. 136.
135.	19.	508	Änderung der VO. vom 28. Juni 1915 über den Verkehr mit Brotgetreide und Mehl aus dem Erntejahr 1915 Geringfügige Änderungen zu Nr. 89.
136.	21.	513	Unbrauchbarmachen von gepulverten Kakaoschalen zum Genusse für Menschen Zu Nr. 134.
137.	22.	514	Berichtigung und Ergänzung der Bek. gegen übermäßige Preissteigerung vom 23. Juli 1915 Kleine Änderungen zu Nr. 122.
138.	26.	515	Schlachtverbot für trächtige Kühe und Sauen.
139.	26.	516	Verkehr mit Zucker im Betriebsjahr 1915/16 Regelung der Verteilung des Rohzuckers auf die Verbrauchszuckerfabriken. Errichtung einer Verteilungsstelle. — Vgl. auch Nr. 233 u. Ztrbl. f. d. D. R. S. 376 u. 383.
140.	26.	520	Verkehr mit Hülsenfrüchten Absatz nur durch die Zentral-Einkaufs-Gesellschaft m. b. H. Anzeigepflicht usw. Gilt nicht für die der VO Nr. 94 unterstehenden Kraftfuttermittel. — Vgl. auch Nr. 160 u. 166.

Nr.	Tag u. Monat d. Bek.	RGBl. 1915	Die Bekanntmachung betrifft: (in kleinem Druck: Inhalt der Bekanntmachungen und Verweisungen)
	Aug.		
141.	26.	524	Verbot des Vorverkaufs von Erbsen, Bohnen und Linsen aus der Ernte des Jahres 1915 Kaufverträge sind nichtig. Zu Nr. 81 (vgl. auch Nr. 158).
142.	26.	524	Außerkrafttreten der Bek. über die Höchstpreise für Speisekartoffeln vom 15. Febr. 1915 Setzt die VO. vom 15. Febr. 1915 (RGBl. S. 95) — s. Nr. 44 — außer Kraft.
143.	26.	525	Vornahme einer Viehzwischenzählung am 1. Okt. 1915.
144.	30.	535	Änderung der Verordnung über die Errichtung von Vertriebsgesellschaften für den Steinkohlen- und Braunkohlenbergbau vom 12. Juli 1915 Änderungen der VO Nr 107, namentlich über behördliche Befugnisse. — Vgl auch Nr. 145.
145.	30.	536	Fassung der VO. über die Errichtung von Vertriebsgesellschaften für den Steinkohlen- und Braunkohlenbergbau Bekanntmachung der neuen Fassung von Nr. 107 mit 144 (vgl. auch Ztrbl. f. d. D. R. S. 367).
	Sept.		
146.	2.	545	Beschränkung der Milchverwendung Sahne- und Schlagsahneverbot usw — Vgl. auch Nr. 239.
147.	3.	549	Erweiterung der Bek. über Vorratserhebungen vom 2. Febr. 1915 Kleine Erweiterung zu Nr. 11.
148.	9.	555	Verkehr mit Margarine Bezieht sich nur auf die Inschrift auf Gebinden und Kisten.
149.	9.	556	Änderung der VO. vom 28. Juni 1915 über die Regelung des Verkehrs mit Hafer Kleine Änderungen der VO. Nr. 93.
150.	9.	556	Vollzug der VO. über die Regelung des Verkehrs mit Hafer vom 28. Juni 1915 Zu Nr 93 Betrifft Haferverwendung für Zuchtbullen.

Nr.	Tag u. Monat d. Bek.	RGBl. 1915	Die Bekanntmachung betrifft: (in kleinem Druck: Inhalt der Bekanntmachungen und Verweisungen)
	Sept.		
151.	9.	557	Änderung der Bek. über die Sicherung der Ackerbestellung vom 31. März 1915 Terminänderung im § 2 der VO. Nr. 48.
152.	11.	569	Einfuhr von Getreide, Hülsenfrüchten, Mehl und Futtermitteln Ablieferung an die Zentral-Einkaufs-Gesellschaft.
153.	13.	584	Ausdehnung der VO. über den Verkehr mit Kraftfuttermitteln vom 28 Juni 1915 auf weitere Futtermittel Auf Futtermittel, die durch Aufschließung von Stroh und Holz gewonnen sind. Zu Nr. 94.
154.	16.	585	Regelung des Absatzes von Erzeugnissen der Kartoffeltrocknerei und der Kartoffelstärkefabrikation Lieferungsverpflichtung an die Trockenkartoffel-Verwertungs-Gesellschaft. Anzeige- und Auskunftspflicht. — Vgl. auch Nr 155, 193, 217 u. Ztrbl. f. d. D. R. S. 382.
155.	16.	588	Höchstpreise für Erzeugnisse der Kartoffeltrocknerei sowie der Kartoffelstärkefabrikation Vgl. auch Ztrbl. f d. D. R. S. 381.
156.	16.	590	Außerkraftsetzung der Bek. über die Regelung des Absatzes von Erzeugnissen der Kartoffeltrocknerei und der Kartoffelstärkefabrikation vom 25. Febr 1915 Setzt Nr 25 außer Kraft.
157.	16.	591	Außerkrafttreten der Bek. über die Höchstpreise für Futterkartoffeln und Erzeugnisse der Kartoffeltrocknerei sowie der Kartoffelstärkefabrikation vom 25. Febr. 1915 Zu Nr. 55
158.	16.	593	Aufhebung des Verbots des Vorverkaufs v. Erbsen, Bohnen u Linsen aus der Ernte des Jahres 1915 Zu Nr. 81, vgl. auch Nr. 141.
159.	16.	594	Verarbeitung von Kartoffeln in Getreidebrennereien im Betriebsjahr 1915/16 Gestattung der Verwendung nicht selbstgewonnener Kartoffeln ohne Steuerbelastung.

Nr.	Tag u. Monat d. Bek.	RGBl. 1915	Die Bekanntmachung betrifft: (in kleinem Druck: Inhalt der Bekanntmachungen und Verweisungen)
	Sept.		
160.	20.	600	**Ergänzung der VO. vom 26. Aug. 1915 über den Verkehr mit Hülsenfrüchten** Betrifft die VO. Nr. 140.
161.	25.	607	**Errichtung von Preisprüfungsstellen und die Versorgungsregelung** I. Errichtung von Preisprüfungsstellen. II. Versorgungsregelung. III. Strafbestimmungen. IV. Schlußbestimmungen. — Vgl auch Nr. 86 u. 122. Abschn. II durch VO. Nr. 196 abgeändert.
162.	25.	614	**Zuckerhaltige Futtermittel** Hebt die VO. Nr. 95 auf. — Vgl auch Nr 163 u. Ztrbl. f d. D. R. S. 421.
163.	25.	620	**Preise für zuckerhaltige Futtermittel** Höchstpreis. Zu Nr 162. — Vgl auch Ztrbl f d. D. R. S 393
164.	25.	621	**Kleinhandel mit Kerzen** Änderung der Bek. v 4. Dez 1901 (RGBl. S. 494)
165.	25.	623	**Freigabe von Branntwein zur Versteuerung im Oktober, November und Dezember 1915** Zu Nr. 47 u. 96 — Vgl. auch Nr 97, 224.
166.	26.	625	**Lieferung und Abnahme von Hülsenfrüchten** Zu Nr 140.
	Okt.		
167.	2.	628	**Verschroten von Brotgetreide zu Futterzwecken** Befugnisse der Reichsgetreidestelle und Verhältnis zu den Kommunalverbänden. — Vgl. auch die VO. Nr. 89
168.	7.	637	**Regelung der wirtschaftlichen Betriebsverhältnisse der Branntweinbrennereien und der Betriebsauflagevergütungen für das Betriebsjahr 1915/16** I Durchschnittsbrand. II. Kontingent. III. Vergällungspflicht IV Besondere Erleichterungen. V. Betriebsauflagevergütungen. — Vgl. auch Nr. 235 und Ztrbl. f. d. D. R. S. 437.
169.	9.	645	**Änderung der Bek. über die Sicherstellung von Kriegsbedarf vom 24. Juni 1915** Kleine Ergänzung der VO. Nr. 88.
170.	9.	646	**Verwendung tierischer und pflanzlicher Öle u Fette** Einschränkung der technischen Verwendung und Herstellung

Nr.	Tag u. Monat d. Bek.	RGBl. 1915	Die Bekanntmachung betrifft: (in kleinem Druck: Inhalt der Bekanntmachungen und Verweisungen)
	Okt.		
171.	9.	647	**Kartoffelversorgung** I. Reichskartoffelstelle. II. Beschaffung der Kartoffeln. III. Versorgung der Bevölkerung. IV. Schlußbestimmungen. — Vgl. auch Nr. 187.
172.	11.	669	**Außerkrafttreten der Bek. über das Verbot des Vorverkaufs von Erzeugnissen der Kartoffeltrocknerei sowie der Kartoffelstärkefabrikation aus der inländischen Ernte des Jahres 1915** Vgl. Nr. 81 und 100
173.	14.	670	**Verarbeitung von Bucheckern** Verarbeitung nur durch den Kriegsausschuß für pflanzliche und tierische Öle und Fette G. m. b. H.
174.	14.	671	**Verbot des Anstreichens mit Farben aus Bleiweiß und Leinöl** Verbot für Häuseraußenseiten-, Mauern- und Zäune-Anstrich. — Vgl. Nr. 206.
175.	19.	675	**Ausdehnung der VO. über den Verkehr mit Ölfrüchten usw.** Zu Nr 111. Ausdehnung auf allerlei Ölfrüchte.
176.	21.	681	**Änderung der VO. vom 26. Aug. 1915 über den Verkehr mit Hülsenfrüchten** Wegfall des § 1 Abs. 3 in der VO. Nr. 140.
177.	21.	681	**Ergänzung der VO. über den Verkehr mit Gerste aus dem Erntejahr 1915 vom 28. Juni 1915** Kleine Zusätze zu Nr. 92.
178.	21.	682	**Verbot des Vorverkaufs von Stroh der Ernte des Jahres 1915** Zu Nr. 81, außer Kraft gesetzt durch Nr. 200.
179.	21.	683	**Änderung der VO. vom 8 Juli 1915 über die Höchstpreise für Petroleum und die Verteilung der Petroleumbestände** Zu Nr. 101.
180.	21.	684	**Erweiterung der Bek. über Vorratserhebungen vom 2. Febr. 1915** Einführung von Lagerbüchern, Ergänzung zu Nr. 11, vgl. auch Nr. 147.

Nr.	Tag u. Monat d. Bek.	RGBl. 1915	Die Bekanntmachung betrifft: (in kleinem Druck: Inhalt der Bekanntmachungen uud Verweisungen)
	Okt.		
181.	21.	685	Veräußerung von Kauffahrteischiffen an Nichtreichsangehörige Verbot.
182.	21.	687	Erlaß und Vergütung von Abgaben Bezieht sich auf Warenausfuhr zum Heere.
183.	22.	689	Regelung der Butterpreise Festsetzung von Grundpreisen usw. — Vgl. auch Nr. 185, 192, 207, 225, 228, 229.
184.	22.	691	Vornahme einer Erhebung der Vorräte von Brotgetreide, Hafer und Mehl am 16. Nov. 1915.
185.	24.	705	Festsetzung der Grundpreise für Butter und die Preisstellung für den Weiterverkauf Zu Nr. 183. — Vgl. auch Nr. 192, 225, 229.
186.	28.	711	Regelung der Kartoffelpreise Betrifft Festsetzung von Höchstpreisen. — Vgl. auch Nr. 186, 207, 208, 221.
187.	28.	710	Abänderung der Bek. über die Kartoffelversorgung vom 9. Oktbr. 1915 Kleine Änderungen zu Nr. 171.
188.	28.	709	Festsetzung der Höchstpreise für Kartoffeln und die Preisstellung für den Weiterverkauf Zu Nr. 169.
189.	28.	714	Einschränkung des Fleisch- und Fettverbrauchs Dienstags und Freitags kein Fleischverkauf. Montags und Donnerstags Verbot der Fettverwendung in Gastwirtschaften. Sonnabend Schweinefleischverbot in Gastwirtschaften.
190.	28.	716	Regelung der Fisch- und Wildpreise Betrifft Festsetzung von Grundpreisen. — Vgl. auch Nr. 207, 215, 227, 240.
191.	28.	718	Änderung der Bek betr. Einschränkung der Trinkbranntweinerzeugung, vom 31. März 1915 Kleine Änderungen zu Nr. 47. Nr. 96 wird aufgehoben. — Vgl. auch Nr. 224, 238.

Nr.	Tag u. Monat d. Bek.	RGBl. 1915	Die Bekanntmachung betrifft: (in kleinem Druck: Inhalt der Bekanntmachungen und Verweisungen)
	Okt.		
192.	29.	719	Ergänzung der Bek. über die Festsetzung der Grundpreise für Butter und die Preisstellung für den Weiterverkauf vom 24. Okt. 1915 Vgl. Nr. 183, 185, 225, 229.
	Nov.		
193.	1.	722	Ausdehnung der VO. über die Regelung des Absatzes von Erzeugnissen der Kartoffeltrocknerei und der Kartoffelstärkefabrikation v. 16. Sept. 1915 Zu Nr. 154. Ausdehnung auf einige Erzeugnisse.
194.	4.	723	Regelung der Milchpreise und des Milchverbrauchs Betrifft Festsetzung von Höchstpreisen und Sicherstellung der Milchnahrung für Kinder, stillende Mütter und Kranke. — Vgl. auch Nr. 205 u. 207.
195.	4.	725	Regelung der Preise für Schlachtschweine und für Schweinefleisch Höchstpreise und Verkaufsregelung. — Vgl. auch Nr. 222.
196.	4.	728	Ergänzung der Bek. über die Errichtung von Preisprüfungsstellen und die Versorgungsregelung vom 25. Sept. 1915 Zu Nr. 161. Für Abschnitt II, Versorgungsregelung, neue Fassung.
197.	8.	735	Öle und Fette Anzeigepflicht an den Kriegsausschuß für pflanzliche und tierische Öle und Fette G. m. b. H. Absatz nur durch diesen. Höchstpreise. Enteignung. — Vgl. auch Nr. 206. — Am 11. Jan. 1916 ergingen Ausführungsbestimmungen hierzu.
198.	8.	743	Verkehr mit Stroh und Häcksel Absatz durch die Bezugsvereinigung der deutschen Landwirte m. b. H. Preisfestsetzung. — Vgl. auch Nr. 214 u. 220.
199.	8.	747	Ausdehnung der VO. über den Verkehr mit Kraftfuttermitteln vom 28. Juni 1915 auf weitere Futtermittel Zu Nr. 94. Auf Eicheln und Roßkastanien ausausgedehnt.

Nr.	Tag u. Monat d. Bek.	RGBl. 1915	Die Bekanntmachung betrifft: (in kleinem Druck: Inhalt der Bekanntmachungen und Verweisungen)
	Nov.		
200.	10.	749	**Außerkraftsetzung der VO. über das Verbot des Vorverkaufs von Stroh der Ernte des Jahres 1915 vom 21. Okt. 1915** Setzt Nr. 178 außer Kraft.
201.	11.	750	**Kaffee, Tee und Kakao** Betrifft Bestandsaufnahme, Verkehrsregelung und Preisgestaltung. — Vgl. Nr. 223.
202.	11.	750	**Regelung der Preise für Buchweizen und Hirse und deren Verarbeitungen** Betrifft Festsetzung von Grundpreisen (inhaltlich wie Nr. 203 u. 204). — Vgl. auch Nr. 207 u. 213.
203.	11.	752	**Regelung der Preise für Gemüse und Obst** Betrifft Festsetzung von Grundpreisen (inhaltlich wie Nr. 202 u. 204). — Vgl. auch Nr. 207 u. 226.
204.	11.	754	**Regelung der Preise für Obstmus und sonstige Fettersatzstoffe zum Brotaufstrich** Betrifft Festsetzung von Grundpreisen (inhaltlich wie Nr. 202 u. 203). — Vgl. auch Nr. 207 u. 230.
205.	11.	757	**Maßstab für den Milchverbrauch** Zu Nr. 194. 1 Liter für Kinder unter 2 Jahren und stillende Mütter, 1/2 Liter für ältere Kinder für den Tag, für Kranke bis zu 1 Liter nach ärztlicher Bescheinigung.
206.	11.	758	**Änderung zur VO. vom 14. Okt. 1915 über das Verbot des Anstreichens mit Farben aus Bleiweiß und Leinöl** Nr. 174 auf alle Anstriche mit Farben aus pflanzlichem und tierischem Öl ausgedehnt. — Vgl. auch Nr. 197.
207.	11.	758	**Einwirkung von Höchstpreisen auf laufende Verträge** Früher geschlossene Verträge gelten als zum Höchstpreis geschlossen. Schiedsgerichte. Bezieht sich auf die VO. Nr. 183, 188, 190, 194, 202, 203, 204. — Vgl. Nr. 212.
208.	11.	760	**Abänderung der Bek. über die Regelung der Kartoffelpreise vom 28. Okt. 1915** Kleine Änderungen zu Nr. 188. — Vgl. auch Nr. 221.

Nr.	Tag u. Monat d. Bek.	RGBl. 1915	Die Bekanntmachung betrifft: (in kleinem Druck: Inhalt der Bekanntmachungen und Verweisungen)
	Nov		
209.	13.	761	Private Schwefelwirtschaft Sicherung des Vorrats von Schwefelsäure und Oleum durch die „Verwaltungsstelle für private Schwefelwirtschaft", die der Kriegschemikalien-Aktiengesellschaft angegliedert ist. — Dazu Ausf.Best. R.Anz. vom 15. Nov. 1915 u. Ztrbl. f. d. D. R. S. 461.
210.	13.	763	Verbot der Ausfuhr und Durchfuhr von Gold.
211.	15.	765	Vornahme einer Viehzählung am 1. Dez. 1915.
212.	15.	769	Verfahren vor den auf Grund der VO. vom 11. November 1915 bestellten Schiedsgerichten Zu Nr. 207
213.	16.	785	Festsetzung von Preisen für Buchweizen und Hirse und deren Verarbeitungen Zu Nr. 202.
214.	18.	773	Ausführung der VO. über den Verkehr mit Stroh und Häcksel vom 8 Nov 1915 Zu Nr. 198. — Vgl auch Nr. 220.
215.	22.	775	Festsetzung der Preise für Wild Zu Nr. 190. — Vgl auch Nr 240.
216.	25.	777	Verbot der Durchfuhr von Tieren und tierischen Erzeugnissen.
217.	25.	778	Abänderung der VO. über die Regelung des Absatzes von Erzeugnissen der Kartoffeltrocknerei und der Kartoffelstärkefabrikation vom 16 Sept. 1915 Kleine Änderung zu Nr 154.
218.	25.	778	Änderung der Bek. über die Sicherstellung von Kriegsbedarf vom 24 Juni 1915 Kleine Änderung zu Nr. 88.
219.	25.	781	Anwendung der Vertragszollsätze auf russisches Bau- und Nutzholz
220.	27.	783	Festsetzung anderer Preise im Verkehre mit Stroh und Häcksel Zu Nr. 198. -- Vgl auch Nr 214.
221.	29.	787	Weitere Abänderung der Bek über die Regelung der Kartoffelpreise vom 28. Okt. 1915 Zu Nr. 188 u. 208.

Nr.	Tag u. Monat d Bek.	RGBl. 1915	Die Bekanntmachung betrifft: (in kleinem Druck: Inhalt der Bekanntmachungen und Verweisungen)
	Nov.		
222.	29.	788	**Abänderung der VO zur Regelung der Preise der Schlachtschweine und für Schweinefleisch vom 4 Nov. 1915** Zu Nr. 195. Nicht anwendbar auf Einfuhr au. dem Ausland.
223.	29.	791	**Bestandsaufnahme von Kaffee, Tee und Kakao** Bestandsaufnahme am 3. Jan. 1916. — Vgl. Nr. 201
	Dez.		
224.	1.	799	**Weitere Freigabe von Branntwein zur Versteuerung in den Monaten Oktober, November u. Dez 1915** Vgl. Nr. 47, 165, 191.
225.	4.	801	**Regelung des Verkehrs mit ausländischer Butter** Zu Nr. 183. Ausnahme vom Höchstpreis. — Vgl auch Nr. 185, 192, 225, 229.
226.	4.	803	**Festsetzung von Preisen für Gemüse, Zwiebeln und Sauerkraut** Zu Nr. 203. Höchstpreis.
227.	5.	804	**Festsetzung von Preisen für Süßwasserfische** Zu Nr. 190. Höchstpreis.
228.	8.	807	**Verkehr mit Butter** Teilablieferung von Butter an die Zentral-Einkaufs-Gesellschaft m. b. H. gegen angemessenen Preis. Regelung des Verkehrs mit Butter durch die Gemeinden. — Vgl. Nr. 183, 225, 229.
229.	13.	816	**Ausgleich der Preise für inländische und ausländische Butter** Zuschlag zum Preis. — Vgl Nr. 183 185. 192, 225.
230.	14.	817	**Preise von Marmeladen** Zu Nr. 204. Höchstpreise.
231.	16.	821	**Herstellung von Süßigkeiten und Schokolade** Nur noch die Hälfte der früheren Zuckermenge zu verarbeiten. Verbot der Verwendung von Milch, Sahne und Fett. — Vgl. auch Nr 239
232.	16.	823	**Bereitung von Kuchen** Beschränkung der Verwendung von Eiern, Zucke, Fett, Mohn.
233.	16.	826	**Ergänzung der VO. über den Verkehr mit Zucker im Betriebsjahr 1915/16** Kleine Ergänzung zu Nr 139.

Nr.	Tag u. Monat d. Bek.	RGBl. 1915	Die Bekanntmachung betrifft: (in kleinem Druck: Inhalt der Bekanntmachungen und Verweisungen)
234.	Dez 16.	827	Zeitungsanzeigen Namen- und Adressennennung bei Anzeigen über Gegenstände des täglichen Bedarfs und des Kriegsbedarfs.
235.	16.	829	Weitere Regelung des Branntweinverkehrs Ergänzung zu Nr. 168.
236.	19.	831	Ausdehnung der VO. über den Verkehr mit Kraftfuttermitteln vom 28. Juni 1915 auf weitere Futtermittel Zu Nr. 94 u. 126. Ausgedehnt auf einige andere Kraftfuttermittel. — Vgl auch Nr. 133, 153, 199.
237.	22.	834	Zuckerungsfrist für die Weine des Jahrganges 1915 Verlängerung bis 29. Febr. 1916.
238.	23.	843	Freigabe von Branntwein zur Versteuerung im Januar, Februar und März 1916 Bis zu 15 v. H. der 1913/14 versteuerten Menge. — Vgl. auch die VO. Nr. 47 u. 191.
239.	29.	849	Verwendung von Milch zur Herstellung von Süßigkeiten und Schokolade Ausnahmen zu Nr. 230. — Vgl. auch Nr. 146.
[1] 240.	30.	851	Festsetzung der Preise für Wild Abänderung der Preisfestsetzung. — Vgl. Nr. 190 u. 215.

[1]) Die Verordnungen über die Fernhaltung unzuverlässiger Personen vom Handel und über das Verbot von Mitteilungen über Wertpapier-Preise sind wegen ihrer weitergehenden handelsrechtlichen Bedeutung oben S. 118 ff. (Abschn. XI Nr. 3, 5, 6 u. 7) abgedruckt.

Sachregister.

(Die Zahlen bedeuten die Seiten.)

A.

K.

L.

W.

Z.

Druck von Otto Walter, Berlin S 14.

Guttentagsche Sammlung

Deutscher Reichsgesetze.

Text-Ausgaben mit Anmerkungen. Taschenformat.

---

1. **Verfassung des Deutschen Reichs.** Von Dr. **L. von Rönne. 10. Aufl.** von Landrat **P. von Rönne** und Regierungsassessor **von Dobbeler.** 1912. 2 M. 60 Pf.

2. **Strafgesetzbuch** für das Deutsche Reich nebst 20 d. wichtigsten strafrechtlichen Nebengesetze. Von Prof. Dr. **Franz v. Liszt** und Dr. **Ernst Delaquis. 24. Aufl.** 1914. 3 M.

3. **Militärstrafgerichtsordnung** nebst Einführungsgesetz. Von Wirkl. Geheimen Kriegsrat Dr. jur. **A. Romen** und Kriegsgerichtsrat Dr. jur. **Carl Rissom.** 1910. 6 M.

4. **Handelsgesetzbuch vom 10. Mai 1897** unter Ausschluß des Seerechts. **15. Aufl.** Herausgegeben von Geh. Justizrat Prof. Dr. **A. Mosse.** 8°. 1915. 6 M.

5. **Wechselordnung vom 3. Juni 1908. Kommentar** von Justizrat Dr. **J. Stranz** und Rechtsanwalt Dr. **M. Stranz,** und das **Wechselstempelgesetz vom 15. Juli 1909** von Geh. Regierungsrat **P. Loeck. 11. Aufl.** 1913. 4 M.

5a. **Wechselstempelgesetz apart. 11. Aufl.** 1913. 1 M. 50 Pf.

6. **Reichsgewerbeordnung** nebst Ausführungsbestimmungen. **19. Auflage** von Stadtrat Dr. **Karl Flesch** in Verbindung mit Dr. **Friedr. Hiller** und Dr. **Herm. Luppe.** 1915. 5 M.

7. **Post- und Telegraphen-Gesetzgebung.** Nebst Weltpostvertrag und internationalem Telegraphenvertrag. **6. Aufl.** von Geh. Ober-Postrat Dr. **M. König.** 1908. 4 M.

8. **Die Reichsgesetze über den Unterstützungswohnsitz, die Freizügigkeit, den Erwerb und Verlust der Bundes- und Staatsangehörigkeit.** Von Geheimrat Dr. **J. Krech,** Mitglied des Bundesamtes für das Heimatwesen. 8. **Aufl.** 1913. 3 M 60 Pf.

9. Sammlung **kleinerer strafrechtlicher Reichsgesetze.** Von Dr. **R. H. Kriegsmann,** Privatdozent in **Kiel. 3. Aufl.** 1910. 4 M.

10. **Das Reichsbeamtengesetz** von **J. Pieper. 2. Aufl.** 1901. 4 M. 50 Pf.

Reichsbeamtengesetz von 1907 siehe Nr. 82.

11. **Zivilprozeßordnung mit Gerichtsverfassungsgesetz.** Von **R. Sydow.** Fortgeführt von **L. Busch,** Reichsgerichtsrat, jetzt zugleich mit **A. Busch,** Gerichtsassessor. **14. Aufl.** mit Nachtrag, enth. die Novelle vom 9. Sept. 1915 über die Entlastung der Gerichte. 8°. 1913. 8 M. (Nachtrag einzeln 60 Pf.)

12. **Strafprozeßordnung und Gerichtsverfassungsgesetz** nebst den Gesetzen, betr. die Entschädigung der im Wiederaufnahmeverfahren freigesprochenen Personen und die Entschädigung für unschuldig erlittene Untersuchungshaft. Von Dr. **A. Hellweg,** Reichsgerichtsrat. **16. Aufl.** mit Nachtrag, enth. die Bekanntmachung über die Entlastung der Strafgerichte von **Professor Dr. Kohlrausch.** 1912. 3 M.

13. **Konkursordnung und Anfechtungsgesetz.** Von **R. Sydow.** Fortgeführt von **L. Busch. 12. Aufl.** 1916. 3 M. 80 Pf.

14. **Gerichtsverfassungsgesetz** mit Einführungsgesetz. Herausgegeben von **R. Sydow.** Fortgeführt von **L. Busch. 9. Aufl.** 1905. Mit Nachtrag, enthaltend die Novelle vom 1. Juni 1909. 1 M. 50 Pf.

15. **Das Deutsche Gerichtskostengesetz nebst den Gebührenordnungen für Gerichtsvollzieher, Zeugen und Sachverständige.** Mit Nachtrag, enthaltend die Bestimmungen vom 10. Juni 1914. Von **R. Sydow.** Weiter bearbeitet von Reichsgerichtsrat **L. Busch** und Gerichtsassessor **Arno Busch. 9. Aufl.** mit Nachtrag, enth. die Novelle vom 10. Juni 1914. 1912. 2 M. 60 Pf.

16. **Rechtsanwaltsordnung.** Von **R. Sydow. 5. Aufl.** von Justizrat **M. Jacobsohn.** 1907. Mit Nachtrag, enthaltend die Bestimmungen vom 22. Mai 1910. 1 M. 20 Pf.

17. **Die Deutsche Gebührenordnung für Rechtsanwälte und das Preußische Gebührengesetz** vom 27. September/6. Oktober 1899. Von **R. Sydow.** Fortgeführt von **L. Busch** und Amtsrichter **A. Busch. 11. Aufl.** 1914. 3 M.

18. **Reichsstempelgesetz** vom 3. Juli 1913. (Börsen-, Lotterie- [Spiel und Wette], Frachturkunden-, Fahrkarten-, Kraftfahrzeug-, Tantieme-, Scheck- und Grundstücksübertragungssteuer.) Mit den gesamten Ausführungsbestimmungen. **12. Aufl.** von Geh. Regierungsrat **P. Loeck**, mit Nachtrag, enth. das **Frachturkunden-** und **Warenumsatzstempelgesetz** vom 17. und 26. Juni 1916. 1914. 8°. 9 M. Nachtrag einzeln 1 M. 50 Pf.

19. **Die Seegesetzgebung.** Von Dr. **W. E. Knitschky. 5. Aufl.** bearbeitet von Oberlandesgerichtsrat **Otto Rudorff** in Hamburg. 1913. 8 M.

20. **Krankenversicherungsgesetz.** Von weil. Dr. **E. von Woedtke.** Neue Fassung. Siehe Bd. 107.

21. **Die Konsulargesetzgebung.** Von Professor Dr. **Ph. Zorn. 3. Aufl.** bearbeitet von Reg.-Assessor Dr. **A. Zorn.** 1911. 4 M. 50 Pf.

22. **Patentgesetz. Nebst Ausführungsbestimmungen, völkerrechtlichen Verträgen und der Patentanwalts-Ordnung. 7. Aufl.** bearbeitet von **R. Lutter,** Geh. Reg.-Rat im Kaiserl. Patentamt. 1908. 2 M. 80 Pf.

23. **Gewerbe-Unfallversicherungsgesetz.** Von weil. Dr. **E. von Woedtke.** Siehe Bd. 108.

24. **Aktiengesellschaft und Kommanditgesellschaften auf Aktien.** Von Kammergerichtsrat Dr. **H. Keyßner** und Justizrat Dr. **H. Veit Simon. 6. Aufl.** von Amtsrichter **L. Keyßner.** 1911. 3 M.

25. **Brausteuergesetz.** vom 15. Juli 1909. Von **A. Düffe,** Oberzollrevisor. **2. Aufl.** 1910. 3 M.

26. Die Reichsgesetzgebung über **Münz- und Notenbankwesen,** Papiergeld, Prämienpapiere und Reichsschulden. Von Dr. jur. **R. Koch,** Präsident des Reichsbankdirektoriums. **6. Aufl.** 1910. 4 M.

27. Die Gesetzgebung, betr. **das Gesundheitswesen** im Deutschen Reich. Von Dr. jur. **C. Goesch** und Dr. med. **J. Karsten.** 1888. 1 M. 60 Pf.

28. **Bau-Unfallversicherungsgesetz.** Vom 30. Juni 1900. Von **R. Chrzescinski.** Siehe Bd. 108.

29. **Erwerbs- und Wirtschaftsgenossenschaften.** Von **L. Parisius** und Dr. **H. Crüger. 15. neu bearb. Aufl.** von Dr. **H. Crüger.** 1916. 2 M. 60 Pf.

30. **Invalidenversicherungsgesetz** vom 13. Juli 1899. Von **weil. Dr. E. von Woedtke.** Neue Fassung. Siehe **Bd. 109.**

31. **Gewerbegerichtsgesetz.** Von Stadtrat **L. Mugdan. 7. Aufl.** bearbeitet von **W. Cuno**, Oberbürgermeister zu Hagen i. W. 1911. 2 M. 50 Pf.

32. Reichsgesetz, betr. die **Gesellschaften mit beschränkter Haftung.** Von **L. Parisius** und Dr. **H. Crüger. 13. Aufl.** von Dr. **H. Crüger.** 1914. 2 M.

33. **Vereins- und Versammlungsrecht.** Von Dr. **E. Ball. 2. Aufl.** von Dr. **F. Friedenthal.** 1907. 2 M. 50 Pf.

Reichs-Vereinsgesetz vom 19. April 1908 siehe Nr. 88.

34. Die **Abzahlungsgeschäfte.** Gesetz vom 16. Mai 1894. **3. vermehrte Aufl.** besorgt von Dr. **E. Wilke**, Landgerichtsrat. 1910. 1 M. 25 Pf.

35. Die **Reichs-Eisenbahngesetzgebung.** Von **W. Coermann**, Kaiserl. Amtsrichter. 1895. 2 M. 25 Pf. S. auch Bd. 66.

36. Gesetze, betr. die **privatrechtlichen Verhältnisse der Binnenschiffahrt und der Flößerei.** Von **E. Löwe**, Landgerichtsrat. **5. Aufl.** 1915. 3 M. 60 Pf.

37. Gesetz gegen den **unlauteren Wettbewerb.** Von Justizrat **A. Pinner. 6. Aufl.** 1912. 1 M. 50 Pf.

38/39. **Bürgerliches Gesetzbuch** nebst **Einführungsgesetz** von Dr. **A. Achilles.** In Verbindung mit Professor Dr. **André**, Kammergerichtsrat **Ritgen**, Reichsgerichtsrat Dr. **Strecker**, Staatsrat Dr. **v. Unzner** herausgegeben von Wirkl. Geh. Ober-Justizrat u. Oberlandesgerichtspräsident **Greiff.** 8. vermehrte **Aufl.** 8°. 1916. 10 M.

40. Gesetz, betr. die **Pflichten der Kaufleute bei Aufbewahrung fremder Wertpapiere (Depotgesetz).** Mit Erläuterungen. Von **F. Lusensky,** Geh. Ober-Regierungsrat. 3. **Aufl.** 1916. 2 M. 25 Pf.

41. **Börsengesetz.** Von Wirkl. Geh. Ober-Regierungsrat **Th. Hemptenmacher.** 3. Aufl. von Syndikus **O. Meyer.** 1915. 3 M. 60 Pf.

42. **Grundbuchordnung** nebst den preußischen Ausführungsbestimmungen. Mit Einleitung. Von Prof. Dr. **O. Fischer.** 6. **Aufl.** mit Nachtrag, die Ergänzungen enthaltend. 1912. 2 M.

43. **Zwangsvollstreckung in das unbewegliche Vermögen** im Reiche und in Preußen. Mit Einleitung, Kosten- und Gebührentabellen. Von Dr. **J. Krech** u. Dr. **O. Fischer.** 8. **Aufl.** bearbeitet von Professor Dr. **O. Fischer.** 1916. 2 M. 80 Pf.

44. Das Reichsgesetz über das **Auswanderungswesen** vom 9. Juni 1897. Von Professor Dr. **Felix Stoerk.** 1899. 2 M. 25 Pf.

45. Das **Entmündigungsrecht** unter Berücksichtigung der für Preußen geltenden Vorschriften nebst der preußischen Justiz-Ministerial-Verfügung vom 28. November 1899. Von Landgerichtsrat Dr. **P. Noll in Cöln.** 1900. 1 M. 50 Pf.

46. Die Gesetze des Reiches und Preußens über die **freiwillige Gerichtsbarkeit.** Von **Herm. Jastrow,** Amtsgerichtsrat. 5. **Aufl.** 1911. 3 M. 60 Pf.

47. Das **deutsche Vormundschaftsrecht** und das preuß. Gesetz über die Fürsorgeerziehung Minderjähriger nebst den dazu gehörigen preußischen Nebengesetzen. Von Oberverwaltungsgerichtsrat **Max Schultzenstein** und Amtsgerichtsrat Dr. **Paul Köhne.** 2. **Aufl.** 1901. 3 M.

48. Gesetze und Verordnungen, betr. den **Drogen-, Gift- und Farbenhandel** außerhalb der Apotheken. Von Dr. **J. Broh**, Rechtsanwalt. 1899. 1 M. 25 Pf.

49. Deutsche **Kolonialgesetzgebung**. Von Geh. Justizrat Professor Dr. **Philipp Zorn**. 2. Aufl. von Gerichtsassessor Dr. **Sassen**. 1913. 7 M. 50 Pf.

50. Der **Viehkauf** (Viehgewährschaft) nach dem Bürgerlichen Gesetzbuche unter Berücksichtigung des ausländischem Rechts Verordnung betr. die Hauptmängel und Gewährsfristen beim Viehhandel. Von Rechtsanwalt Dr. **H. Stölzle** und Königlichem Regierungs- und Veterinärrat **H. Weiskopf**. 5. **Aufl.** 1913. 6 M.

51. **Hypothekenbankgesetz** vom 13. Juli 1899. Von Dr. **H. Göppert**. 2. **Aufl.** Bearbeitet von Geh. Reg.-Rat Dr. **Seidel**. 1911. 2 M. 40 Pf.

52. Gesetz, betreffend die gemeinsamen **Rechte der Besitzer von Schuldverschreibungen**. Von Dr. **Heinrich Göppert**. 2. **Aufl.** bearbeitet von Amtsrichter Dr. **E. Trendelenburg**. 1915. 1 M. 80 Pf.

53. **Reichspreßgesetz** vom 7. **Mai** 1874. **Mit Kommentar** von Erstem Bürgermeister **A. Born**. 1911. **2. Aufl.** 2 M.

54. Die **Reichsgesetzgebung über den Verkehr** mit **Nahrungsmitteln, Genußmitteln** und **Gebrauchsgegenständen**. Von Dr. **Georg Lebbin**, Nahrungsmittelchemiker in Berlin. 1900. 2 M. 25 Pf.

55. Das Recht der **Beschlagnahme von Lohn- und Gehaltsforderungen**. Von Justizrat **Georg Meyer**. 5. **Aufl.** 1914. 2 M. 70 Pf.

56. Gesetz, betr. die **Bekämpfung gemeingefährlicher Krankheiten.** Nebst Ausführungsbestimmungen. Von Dr. **Bruno Burkhardt**, Regierungsrat, Mitglied des Kaiserl. Gesundheitsamts. 1900. 1 M. 40 Pf.

57. **See-Unfallversicherungsgesetz.** Von Dr. **Max Mittelstein**, Oberlandesgerichtsrat in Hamburg. Siehe Bd. 108.

58. **Das Recht der unehelichen Kinder** nach dem BGB. Von **Hermann Jastrow**, Amtsgerichtsrat. 1901. 1 M. 80 Pf.

59. Reichsgesetz über die **Beurkundung des Personenstandes und die Eheschließung.** Von Dr. **F. Fidler**, Amtsgerichtsrat. 1912. **2. Aufl.** 2 M. 50 Pf.

60. Gesetz, betreffend das **Urheberrecht an Werken der Literatur und der Tonkunst.** Von Geh. Justizrat **Otto Lindemann. 3. Aufl.** 1910. 1 M. 60 Pf.

61. Gesetz über das **Verlagsrecht.** Von Justizrat **E. Heinitz. 2. Aufl.** Bearbeitet von Rechtsanwalt Dr. **Br. Marwitz.** 1911. 1 M. 80 Pf.

62. Gesetz über **private Versicherungsunternehmungen.** Von **H. Könige**, Reichsgerichtsrat. **2. Aufl.** 1910. 4 M. 20 Pf.

63. **Gesetzestafel des Deutschen Reichsrechts.** Systematisch geordnete Nachweisung des z. Z. geltenden Reichsrechts. Von **Hugo Bruhns**, Bürgermeister. 1913. **2. Aufl.** 3 M. 50 Pf.

64. Gesetzsammlung betr. den **Handel mit Drogen und Giften.** Reichsgesetzliche Bestimmungen und Anhang mit den landesgesetzlichen Verordnungen sämtlicher Bundesstaaten. **Von Rechtsanwalt H. Sonnenfeld**, Syndikus der Berliner **Drogisten-Innung. 2. Aufl.** 1912. **4 M.**

65. **Das Weingesetz** in der Fassung von 1909. Mit Ausführungsbestimmungen von Dr. **Georg Lebbin**, Nahrungsmittelchemiker. **2. Aufl.** 1909. 2 M. 50 Pf.

66. Die **Eisenbahn-Gesetzgebung.** Von **W. Pietsch**, Rechnungsrat im Reichs-Eisenbahn-Amt. **2. Aufl.** 1913. 3 M. 60 Pf.

67. **Militär-Strafgesetzbuch für das Deutsche Reich** mit der Novelle vom 8. 8. 1913. Von Wirklichem Geheimen Kriegsrat Dr. **A. Romen** und Kriegsgerichtsrat Dr. **C. Rissom.** 2. Aufl. 1916. 10 M.

68. **Das Fleischbeschaugesetz.** Vom 3. Juni 1900. Von Dr. **Georg Lebbin**, Nahrungsmittelchemiker und Rechtsanwalt Dr. **Georg Baum.** 1903. 4 M.

69. Reichsgesetz über die **Naturalleistungen der bewaffneten Macht im Frieden** nebst den in Preußen geltenden Bestimmungen. Von Landrat Dr. **Walter v. Hippel.** 1903. 1 M. 25 Pf.

70. Das **Reichs-Haftpflichtgesetz**, vom 7. Juni 1871. Von Regierungsrat Dr. **G. Eger.** 1903. 3 M.

71. **Kinderarbeit in gewerblichen Betrieben**, vom 30. März 1903. Von **H. Spangenberg**, Oberverwaltungsgerichtsrat. **2. Aufl.** 1904. 1 M. 60 Pf.

72. **Unfallversicherungsgesetz für Land- und Forstwirtschaft** von weil. Dr. **E. von Woedtke.** Siehe Band 108.

73. **Entschädigung für unschuldig erlittene Verhaftung und Bestrafung.** Nebst Anhang, enthaltend die dazu gehörigen Nebengesetze über Schadensersatz. Von Dr. jur. **A. Romen**, Wirklichem Geheimen Kriegsrat. 1904. 2 M.

74. **Die Kaufmannsgerichte** nebst den preuß. Ausführungsbestimmungen. Von Professor Dr. **Max Apt. 3. Aufl.** 1905. 2 M. Siehe auch Bd. 112.

75. Reichsgesetz über die **Konsulargerichtsbarkeit.** Von Dr. jur. **A. F. Vorwerk,** Rechtsanwalt in Schanghai. 2. Ausgabe, mit dem Schutzgebietsgesetz und der Ausführungsverordnung, betr. die Rechtsverhältnisse in den Schutzgebieten. 1908. 2 M.

76. **Die Rechtshilfe im Verkehr mit den ordentlichen Gerichten nach deutschem Reichsrecht.** Von Landrichter Dr. **A. Friedländer.** 1906. 1 M. 80 Pf.

77. **Das Reichserbschaftssteuergesetz.** Vom 3. Juni 1906. Von **Ulrich Hoffmann,** Rechnungsrat im Königl. Preuß. Finanzministerium. **2. Aufl.** mit Nachtrag, enth. die Bestimmungen v. 3. Juli 1913. 1911. 5 M.

78. **Zigarettensteuergesetz.** Vom 15. Juli 1909. Von Dr. **Cuno,** Regierungsassessor. **2. Aufl.** in Vorbereitung.

79. **Die Militärpensionsgesetze** vom 31. Mai 1906 nebst Ausführungsbestimmungen. Zum Gebrauch für Heer, Marine und Schutztruppe von Dr. jur. **A. Romen,** Wirklicher Geheimer Kriegsrat.
   a) I. Teil: Offizierpensionsgesetz. 1907. 3 M. 50 Pf.
   b) II. Teil: Mannschaftsversorgungsgesetz. 1908, mit Nachtrag, enth. **Kapitalabfindungsgesetz** vom 3. Juli 1916. 3 M. 50 Pf.

80. **Reichsgesetzgebung über gerichtliche Registerführung.** Von **Otto Lindemann, Geh. Justizrat.** 1906. 3 M.

81. Gesetz, betr. **Urheberrecht an Werken der bildenden Künste und der Photographie.** Von Dr. **Ludwig Fuld**, Rechtsanwalt. 1907. 1 M.

82. **Reichsbeamtengesetz** in der Fassung vom 18. Mai 1907 und seine Ergänzungen von Geheimrat Professor Dr. **Adolf Arndt.** 1908. 3 M.

83. Reichsgesetz über **den Versicherungsvertrag** nebst Einführungsgesetz. Von Dr. **Paul Hager** und Dr. **E. Bruck. 3. vermehrte und verbesserte Auflage.** 1913. 6 M.

84. **Sammlung kleinerer privatrechtlicher Reichsgesetze** von Oberlandesgerichtsrat **Georg Müller.** 1908. 6 M. 50 Pf.

85. **Scheckgesetz** mit Einleitung usw. Von Prof. Dr. **Max Apt. 5. Aufl.** Mit Postscheckordnung vom 6. Nov. 1908 und im Anhang „Besteuerung des Schecks". 1909. 2 M.

86. **Die Auslieferungsverträge des Deutschen Reiches** von Landrichter **A. Cohn.** 1908. 4 M.

87. Gesetz zum **Schutz der Warenbezeichnungen.** Von Geh. Reg.-Rat, Mitglied des Patentamts Dr. **Freund** und Rechtsanwalt **Magnus. 5. Aufl.** 1909. 3 M. 50 Pf.

88. **Vereinsgesetz** vom 19. April 1908. Von Dr. jur. **A. Romen,** Wirkl. Geh. **Kriegsrat. 4.** durch einen Nachtrag, enthaltend die **neuen Bestimmungen** über **Jugendliche und Gewerkschaften**, vermehrte **Aufl.** 1916. 3 M. 50 Pf.
Nachtrag: Einzeln 1 M. 50 Pf.

89. **Vogelschutzgesetz** vom 30. Mai 1908 nebst den das Flugwild betr. Bestimmungen der Preußischen Jagdordnung von Dr. jur. **Leo von Boxberger.** 1908. 1 M.

90. Die Haager Abkommen über das **Internationale Privatrecht.** Von Dr. **G. A. E. Bogeng.** 1908. 2 M. 20 Pf.

91. **Eisenbahn-Verkehrsordnung** vom 23. Dez. 1908. Mit **Ausführungsbestimmungen.** Von Regierungsrat Dr. **Ernst Blume.** 1909. 2 M. 50 Pf.

92. Gesetz, betr. den **Verkehr mit Kraftfahrzeugen.** Von Amtsgerichtsrat **R. Kirchner. 3. Aufl.** 1915. 4 M.

93. Gesetz über die **Sicherung der Bauforderungen** von Justizrat Dr. **E. Harnier. 3. Aufl.** 1912. 1 M. 60 Pf.

94. **Haftpflicht der Reichs- und Staats-Beamten** von Dr. **H. Delius. 2. Aufl.** Mit dem Gesetz über Haftung des Reichs für Beamte vom 22. 5. 1910. 3 M. 50 Pf.

95. Die Berner Uebereinkunft über **internationales Urheberrecht** von Geh. Ob.-Reg.-Rat Dr. **Herm. Dungs.** 1910. 1 M.

96. **Branntweinsteuergesetz** vom 15. Juli 1909. Unter Berücksichtigung der für das Reich erlassenen Ausführungsbestimmungen und Kriegsverordnungen. **1. Aufl.** von Geh. Reg.-Rat **Johs. Ratz. 2. Aufl.** bearbeitet von Reg.-Ass. Dr. **K. Kniebe,** Hilfsarbeiter im Reichsamt des Innern. 1916. 4 M.

97. **Schutzgebietsgesetz** nebst Verord. betr. die Rechtsverhältnisse in den Schutzgebieten, dem Gesetz über die Konsulargerichtsbarkeit sowie den Ausführungsbest. Von **Johs. Gerstmeyer,** Wirkl. Legationsrat und vortrag. Rat im Reichskolonialamt. 1910. 3 M.

98. **Sechs Haager Abkommen** über **Internationales Privatrecht.** Von Geh. Ob.-Reg.-Rat Dr. **Herm. Dungs.** 1910 1 M. 50 Pf.

99. **Die Abkommen der Haager Friedenskonferenz.** Von Dr. jur. **Hans Wehberg.** 1910. 3 M.

100. Gesetz über den **Absatz von Kalisalzen.** Von Geh. Bergrat **Carl Voelkel.** 1910. 2 M. 40 Pf.

101. **Zuwachssteuergesetz** vom 14. Februar 1911. Von Dr. **W. Cuno,** Geheimer Regierungsrat im Reichsschatzamt. 1911. 3 M. 60 Pf.

102. **Urheberrecht an Mustern und Modellen** u. Ges. betr. Schutz v. Gebrauchsmustern von Reg.-Rat **Johs. Neuberg**, Mitgl. d. K. Patentamts. 1911. 2 M. 40 Pf.

103. **Reichs-Viehseuchengesetz** vom 26. Juni 1909 nebst Ausführungsvorschriften u. dem preuß. Ausführungsgesetz. Von Landrat Dr. **Walter v. Hippel. 2. Aufl.** 1912. 4 M. 50 Pf.

104. **Versicherungsgesetz** für Angestellte vom 20. Dez. 1911. Von Rechtsanwalt **O. Bernstein** und Dr. **J. Kupferberg. 2. Aufl.** 1912. 8 M. 50 Pf.

105. **Das Geldwesen in den deutschen Schutzgebieten.** Von **W. Hintze,** Geheimer exped. Sekretär im Reichskolonialamt. 1912. 2 M.

106—109. **Reichs-Versicherungsordnung nebst Einführungsgesetz:** Herausgegeben unter Mitwirkung von Dr. **F. Caspar,** Wirkl. Geh. Rat, Direktor im Reichsamt d. Innern und **A. Spielhagen,** Geh. Ob.-Reg.-Rat, vortr. Rat im Reichsamt d. Innern. 4 Bände.

106. Erstes, fünftes und sechstes Buch. **Gemeinsame Vorschriften. — Beziehungen der Versicherungsträger zu einander und zu anderen Verpflichteten. — Verfahren.** Bearbeitet von Dr. **K. Lippmann,** Reg.-Rat im Reichsversicherungsamt, Professor, Geh. Reg.-Rat Dr. **L. Laß** und Geh. Reg.-Rat **H. Siefart,** vortrag. Räte im Reichsamt des Innern 1913. 6 M.

107. Zweites Buch. **Krankenversicherung.** Von Geh. Reg.-Rat **H. Siefart** und Regierungsrat Dr. **F. Sitzler.** 1916. 7 M. 50 Pf.

108. Drittes Buch. **Unfallversicherung.** Von Geh. Reg.-Rat **A. Radtke,** Senatsvorsitzender im Reichsversicherungsamt. 1913. 8 M.

109. Viertes Buch. **Invaliden- und Hinterbliebenenversicherung.** Bearbeitet von Geh. Ober-Regierungs-Rat **B. Jaup,** vortragender Rat im Reichsamt des Innern und **H. Follmann,** Geh. Reg.-Rat im Reichsversicherungsamt. **1912.** Mit Nachtrag, enth. die Ergänzungen. 1914–1916. **4 M.**

110. **Wehrbeitragsgesetz** mit Ausführungsbestimmungen. Von Geheimem Ober-Finanzrat **A. Fernow. 2. Aufl.** 1913. 2 M.
111. **Reichs- und Staatsangehörigkeitsgesetz.** Vom 22. Juli 1913. Von Dr. **A. Romen,** Wirklichem Geheimen Kriegsrat. 1913. 2 M. 20 Pf.
112. **Kaufmannsgerichtsgesetz** und die anzuwendenden Bestimmungen des Gewerbegerichtsgesetzes unter besonderer Berücksichtigung der Literatur und Rechtsprechung. Von Magistratsrat Dr. **H. Depène,** Vorsitzender des Kaufmannsgerichts Berlin. 1914. 2 M. 60 Pf.
113. **Postscheckgesetz.** Von Oberpostinspektor **J. Weiland.** 1914. 1 M. 50 Pf.
113a. **Postscheckordnung** mit Ausführungsbestimmungen. Von Oberpostinspektor **J. Weiland.** 1914. 1 M. 50 Pf.
114. **Waffengebrauch und Festnahmerecht des Militärs.** Von Dr. **A. Romen,** Wirkl. Geh. Kriegsrat und Dr. **C. Rissom,** Kriegsgerichtsrat. 1914. 2 M.
115. **Das vertragliche Wettbewerbsverbot (Konkurrenzklausel).** Nebst Kommentar zum Gesetz vom 10. Juni 1914. Von Rechtsanwalt Dr. **G. Baum.** 1914. 3 M.
116. **Kriegs-Zivil- und Finanzgesetze** vom 4. August 1914 und den dazu erlassenen Verordnungen und Bekanntmachungen. **3. Aufl.** 1915. 2 M. 40 Pf.
116a. **Kriegs-Zivil- und Finanzgesetze.** Zweite Folge. Das Jahr 1915. 1916. 2 M.
117. **Darlehnskassengesetz** von **Salomon** und **Bud.** 1915. 2 M.
118. **Militärhinterbliebenengesetz** von **Reh.** 1915. Mit Nachtrag enth. das **Kapitalabfindungsgesetz** vom 11. Juli 1916. 2 M. 50 Pf.
119. **Kriegsleistungsgesetz** von **Heilberg** und **Schäffer.** 1915. 3 M.
120. **Telegraphenwegegesetz** von **Wolf.** 1916. 1 M. 60 Pf.
121. **Direkte Kriegssteuer** von Oberwaltungsgerichtsrat **Mrozek.** 1916. 4 M. 50 Pf.
122. **Das Gesetz über den Belagerungszustand** von Kriegsgerichtsrat Dr. **H. Pürschel.** 1916. 5 M.
123. **Warenumsatzsteuer** von Geh. Oberjustizrat **Lindemann** 1916 etwa 2 M. (Im Druck).

Guttentagsche Sammlung

Preußischer Gesetze.

Textausgaben mit Anmerkungen. Taschenformat.

---

1. **Die Verfassungs-Urkunde für den Preußischen Staat.** Mit Einleitung, vollständigem Kommentar. Von Prof. Dr. **Adolf Arndt. 7. Aufl.** 1911. 4 M.

2. Preußische **Beamten-Gesetzgebung.** Enthaltend die wichtigsten Beamtengesetze in Preußen. Von **C. Pfafferoth. 5., neubearb. Aufl.** 1916. 3 M.

3. **Die Aufnahme des Nottestaments** durch die bestellten Urkundspersonen. Anweisung mit Musterbeispielen und Abriß des Erbrechts von Amtsgerichtsrat **C. Kurtz.** 1904. 1 M. 50 Pf.

4. **Gebührenordnung** für **Notare** vom 25. Juli 1910. **4. Aufl.** bearbeitet von Justizrat **Rausnitz.** 1910. 2 M. 20 Pf.

5. Gesetz vom **24. April 1854 (betr. die außerehel. Schwängerung).** Von Dr. **Schulze.** 1873. 75 Pf.
   Gültiges Recht siehe: Reichsgesetze Nr. 58.

6. **Die Preuß. Ausführungsgesetze und Verordnungen zu den Reichs-Justizgesetzen.** Von **R. Sydow.** Siehe Seite 24, Busch-Eylau, Ausführungsgesetze.

7. Allg. **Gerichtsordnung** und Preuß. **Konkursordnung.** Von **F. Vierhaus.** Vergriffen.

8. **Vormundschaftsordnung.** Von **F. Schultzenstein.**
   Gültiges Recht siehe: Reichsgesetze Nr. 47.

9. Die Preußische **Grundbuchgesetzgebung.** Von Prof. Dr. **Fischer.** Vergriffen. Siehe: Reichsgesetze Nr. 42.

10. **Einkommensteuergesetz.** Von **A. Fernow,** Geh. Ober-Finanzrat. **8. Aufl.** 1913. Mit Nachtrag, enth. Gesetz betr. Erhöhung der Zuschläge vom 8. Juli 1916. **5 M.**

11. **Gewerbesteuergesetz.** Von **A. Fernow,** Geh. Ober-Finanzrat. **6., vermehrte Aufl.** 1915. 4 M. 50 Pf.

12. **Allgemeines Berggesetz.** Mit seinen Novellen und Nebengesetzen. **3. Aufl.,** bearbeitet von den Oberbergräten **Schlüter** und **Hense.** 1913. 7 M. 50 Pf.

13. **Ergänzungssteuergesetz** (Vermögenssteuergesetz). Von **A. Fernow,** Geh. Ober-Finanzrat. **5. Aufl.** 1914. Mit Nachtrag, enth. Gesetz betr. Erhöhung der Zuschläge vom 8. Juli 1916. **4 M.**

14. **Kommunalabgabengesetz.** Vom 14. Juli 1893 und Gesetz wegen Aufhebung direkter Staatssteuern. Von Dr. **F. Adickes,** Oberbürgermeister. **5. Aufl.** Bearbeitet von Stadtrat Dr. **Woell.** 1911. 2 M. 40 Pf.

15. Die **Kreisordnungen** für den Preußischen Staat. Von **O. Kolisch,** Landgerichtsrat. 1894. 4 M.

16. **Konzessionierung gewerblicher Anlagen.** Preuß. Ausführungs-Anweisung zu §§ 16 u. ff. der Gewerbe-Ordnung. Von Dr. **W. v. Rüdiger,** Geh Regierungs- u. Gewerberat **2. Aufl.** 1901. 2 M.

17. Preußisches **Gerichtskostengesetz.** Vom 25. Juli 1910. Mit **Kostentabellen.** Von Dr. **P. Siméon, Kammergerichtsrat. 7. Aufl. 1913. 4 M.**

18. Preußisches **Stempelsteuergesetz** vom 30. Juni 1909. Mit sämtlichen Ausführungsbestimmungen. Von **P. Loeck**, Geh. Regierungsrat. 8. **Aufl.** von Regierungsrat **W. Seyffarth.** 8 M.

19. Das **Jagdscheingesetz.** Von **F. Kunze**, Wirklichem Geh. Ober-Regierungsrat. **2. Aufl.** 1899. 2 M.

20. Die **preußischen Erbschaftssteuergesetze.** Von **U. Hoffmann**, Rechnungsrat im Königl. preuß. Finanzministerium. 1905. 4 M.

(**Reichs**-Erbschaftssteuergesetz s. Reichsgesetze Nr. 77).

21. Gesetz **über die Handelskammern.** Von **F. Lusensky**, Geh. Regierungsrat. **2. Aufl.** 1909. 3 M.

22. Gesetz, betr. **Anstellung und Versorgung der Kommunalbeamten.** Von Dr. **W. Ledermann. 2. Auflage.** Bearbeitet von Dr. **Ludwig Brühl.** 1914. 2 M. 20 Pf.

23. **Ausführungsgesetz zum Bürgerlichen Gesetzbuche.** Von Kammergerichtsrat Dr. **P. Siméon. 3. Aufl.** 1914. 2,20 M.

24. Die **Hinterlegungsordnung** nebst Ausführungsbestimmungen. Von Regierungsrat Dr. **Georg Bartels. 2. Aufl.** 1908. 2 M.

—, Gesetz vom 21. April 1913 s. Nr. 53.

25. **Preußische Kommunalbeamtengesetzgebung.** Von Magistrats-Assessor Dr. **Fr. Kremski**, Berlin. 1901. 3 M.

26. **Gesetze über das Diensteinkommen der Lehrer und Lehrerinnen, Ruhegehalt und Fürsorge für Hinterbliebene.** Tabelle zur Berechnung der Ruhegehalts-, Witwen- und Waisenbezüge. Von Dr. **Ed. Cremer**, Beigeordneter. 1900. 2 M. 40 Pf.

27. Gesetz, betreffend die **Warenhaussteuer.** Von Geh. Ober-Finanzrat Dr. **G. Strutz.** 1900. 1 M. 20 Pf.

28. Gesetz über die **Fürsorgeerziehung Minderjähriger.** Von Landgerichtsdirektor Dr. **P. F. Aschrott. 2. umgearbeitete Aufl.** 1907. 2 M. 80 Pf.

29. Gesetz, betr. **die ärztlichen Ehrengerichte, das Umlagerecht und die Kassen der Aerztekammern.** Von Amtsgerichtsrat Dr. **F. Fidler.** 1901. 1 M. 50 Pf.

30. **Das Preußische Staatsschuldbuch** und **Reichsschuldbuch.** Von Wirkl. Geh. Ober-Finanzrat **J. Mücke.** 1902. 2 M.

31a. **Die geltenden Preußischen Gesindeordnungen.** Herausgegeben in zwei Bänden von **Stephan Gerhard,** Rechtsanwalt in Berlin.

Band I: Gesindeordnung für die altpreußischen Provinzen vom 8. Nov. 1810, bearbeitet mit ausführlichen Erläuterungen unter Berücksichtigung der Ergänzungsgesetze, der Rechtsverhältnisse der Stellenvermittler und der Reichsversicherungsordnung, sowie die Gesindeordnungen für Neuvorpommern und Rügen und für die Rheinprovinz. 2. **Aufl.** 1914. 3 M.

31b. **Band II:** Gesindeordnungen für Hannover, Schleswig-Holstein, Hessen-Nassau und den Regierungsbezirk Hohenzollern. 2 M. 50 Pf.

Siehe **auch** Seite 25: **Ratgeber** von **Grieben.**

32. **Die Städteordnung für die sechs östlichen Provinzen** Preußens vom 30. Mai 1853. Von Stadtrat Dr. **Walter Ledermann** u. Magistratsrat Dr. **Ludwig Brühl. 2. Aufl.** 1913. 7 M. 50 Pf.

33. **Rentenguts- und Anerbenrechts-Gesetzgebung in Preußen.** Von Landgerichtsrat **M. Peltasohn** und Rechtsanwalt **Bruno Peltasohn.** 1903. 8 M.

34. Sammlung der wichtigsten **preußischen Strafgesetze** nebst Anhang: Gesetz betr. polizeiliche Strafverfügungen vom 23. April 1883. Von **Otto Lindemann**, Geheimen Justizrat. 1912. **2. Aufl.** 3 M. 50 Pf.

35. **Geschäftsordnung für Gerichtsvollzieher.** Von **Emil Exner.** 1904. 3 M. 50 Pf.

36. **Polizeiverordnungen in Preußen.** Von **Otto Lindemann**, Geheimen Justizrat. 1912. **2. Aufl.** 2 M. 50 Pf.

37. Gesetz über die **Enteignung von Grundeigentum** vom 11. Juni 1874. Von Oberlandesgerichtsrat **O. Meyer. 2. Aufl.** 1911. 2 M. 25 Pf.

38. **Kreis- und Provinzial-Abgabengesetz.** Vom 23. April 1906. Von **Fr. Schmidt**, Gemeindevorsteher. 1906. 1 M. 25 Pf.

39. **Gesetz**, betr. die **Unterhaltung der öffentl. Volksschulen.** Von Dr. **A. Marcks**, Regierungsrat. 1906. 2 M.

40. **Verwaltungsstrafverfahren** bei Zuwiderhandlungen gegen die Zollgesetze und indirekte Reichs- und Landesabgaben. Von Dr. **Richard Katzenstein.** 1907. 3 M. 60 Pf.

41. Die **preußischen Jagdpolizeigesetze.** Von **Fr. Kunze**, Wirkl. Geh. Oberregierungsrat und **R. Kühnemann**, Rechtsanwalt. **2. Aufl.** 1907. 3 M. 60 Pf.

42. Die Gesetzgebung über die **Allgemeine Landesverwaltung und über die Zuständigkeit der Verwaltungs- und Verwaltungsgerichtsbehörden.** Von Rechtsanwalt Dr. **Karl Friedrichs.** 1908. 3 M.

43. Gesetz betr. die **Zulassung einer Verschuldungsgrenze für land- und forstwirtschaftlich benutzte Grundstücke.** Von Dr. jur. **R. Leweck, Syndikus.** 1908. 2 M. 40 Pf.

44. **Quellenschutzgesetz** nebst den Ausführungsbestimmungen von **Carl Voelkel**, Geheimer Bergrat. 1909. 1 M.

45. **Rechtsverhältnisse der Juden in Preußen** von Dr. jur. **Max Kollenscher**, Rechtsanwalt. 1910. 2 M. 40 Pf.

46. **Austritt aus der Landeskirche** vom 14. Mai 1873. Von Gerichtsassessor **Hrch. Chr. Caro.** 1911. 2 M. 40 Pf.

47. Gesetz, betr. die **Feuerbestattung** von Amtsgerichtsrat Dr. **W. Lohmann.** 1911. 1 M. 50 Pf.

48. **Zweckverbandsgesetz für Groß Berlin** vom 19. Juli 1911 nebst Abdruck des allgemeinen Zweckverbandsgesetzes. Von Magistratsräten Dr. **Ludw. Brühl**, Dr. **Kurt Gordan** und Stadtrat Dr. **Walter Ledermann** in Berlin. 1912. 4 M.

49. **Gesetze gegen die Verunstaltung landschaftlich hervorragender Gegenden** mit Ausführungsanweisungen. Von Regierungsrat **Otto Goldschmidt.** 1912. 2 M. 50 Pf.

50. **Gesetz, betr. die Anlegung und Veränderung von Straßen und Plätzen in Städten und ländlichen Ortschaften** von Oberlandesgerichtsrat **O. Meyer.** 1912. 3 M.

51. **Das preußische Disziplinargesetz für die nichtrichterlichen Beamten** nebst dem Disziplinargesetze für die Privatdozenten. Von Regierungsrat Dr. **Eugen v. Dultzig.** 4 M. 50 Pf.

52. **Preußisches Wassergesetz** v. 7. April 1913 von Rechtsanwalt **Georg Wulff** und Rechtsanwalt **Ferd. Herold.** 1913. 5 M.

53. **Hinterlegungsordnung** v. 21. April 1913. Von **Hagemann**, Landrichter. 2 M. 25 Pf.

54. Gesetz, betr. die **Anlegung von Sparkassenbeständen in Inhaberpapieren** nebst Ausführungsverordnung vom 8. Mai 1913. Kommentar von Rechtsanwalt **Herbert Döhring.** 2 M.

Die Preußischen Ausführungsgesetze, Verordnungen und ministeriellen Verfügungen zu dem Bürgerlichen Gesetzbuche und den Reichs-Justizgesetzen nebst anderen zugehörigen Gesetzen. Von **L. Busch. 2. Aufl.** von Landrichter **O. Eylau.** 8°. Preis geb. 4 M. 50 Pf.

Preußische Bürgerliche Gesetzsammlung. Sammlung der noch geltenden Landesgesetze privatrechtlichen Inhalts. Herausgegeben von den Gerichtsassessoren **D. Fischer** und Dr. **F. Schroeder.** 8°. 2 Bände Preis geb. in ganz Leinen 20 M.

Erster Band: **Das Allgemeine Landrecht mit den Einführungs-Patenten.** Preis 6 M.

Zweiter Band: **Gesetze von 1778—1902.** Preis 14 M.

Kommentar zum Stellenvermittlergesetz vom 2. Juni 1910 unter besonderer Berücksichtigung des zivilrechtlichen Gesetzesinhaltes mit den Ausführungsbestimmungen für **Preußen, Bayern, Sachsen** von **M. K. Samter,** Amtsgerichtsrat. 1912, Gr.-8°. Preis 4 M., geb. 5 M.

Die Gerichtspraxis. Herausgegeben von Kammergerichtsrat Dr. **Ernst Pape** in Verbindung mit Amtsrichter **E. Armstroff,** Berlin-Lichterfelde, Staatsanwalt Dr. **E. Falk,** Berlin, Kammergerichtsrat **M. Gfrörer,** Berlin, Amtsrichter **Wilh. Häuseler,** Berlin-Weißensee, Amtsgerichtsrat **Georg Krause,** Berlin-Tempelhof, Amtsgerichtsrat **L. Levy,** Charlottenburg, Landrichter Dr. **Max Nadler,** Berlin, Amtsgerichtsrat **H. Riesenstahl,** Berlin. 1914. Gr. 8°. Geb. 18 M. 50 Pf.

Prozeßrechtlicher Schutz der Kriegszeit. Ein Kommentar zum Gesetz vom 4. August 1914, betr. den Schutz der infolge des Krieges an der Wahrnehmung ihrer Rechte behinderten Personen von Landrichter a. D. Dr. **Siegkind. 2. Aufl.** 1915. Preis geb. 3 M.

Die Invaliden- und Hinterbliebenenversicherung nach der **Reichsversicherungsordnung.** Eine systemat. Zusammenstellung der gesetzl. Bestimmungen von Dr. **Richard Freund**, Vorsitzendem der Landes-Versicherungsanstalt Berlin. 1911. 2 M., geb. 3 M.

Wie leitet man eine Versammlung? Geschäftlicher Handweiser für Vorsitzende. Von einem Mitgliede des deutschen Reichstages und des preußischen Abgeordnetenhauses. 2. Aufl. 1908. kart. 1 M.

Praktischer Ratgeber für Dienstherrschaften nach dem Preuß. Gesinderecht unter Berücksichtigung der neueren Entscheidungen bearbeitet von **H. Grieben**, Verwaltungsdirektor a. D. und Bürgermeister. 1908. 1 M.

Das Recht der Handlungsgehilfen und Handlungslehrlinge. Von Rechtsanwalt **Hugo Horrwitz.** 2. Aufl. Geb. 3 M.

Die Registratur. Von **Hermann Kollrack.** 2. Aufl. 1906. 8°. Kart. 1 M. 40 Pf.

Die Pflichten des Waisenrates. Ein praktischer Leitfaden für Waisenräte und Verwaltungsbeamte. Von **F. Baum**, Geh. Justizrat und Vormundschaftsrichter. 8. **vermehrte und verbesserte Auflage.** 1906. 8°. 60 Pf.

Der Vormund, Gegenvormund, Pfleger und Familienrat. Nach dem Bürgerlichen Gesetzbuch, dem Reichsgesetz über die Angelegenheiten der freiwilligen Gerichtsbarkeit und dem Ausführungsgesetz zum BGB. Ein praktischer Leitfaden. Von **F. Baum**, Geh. Justizrat und Vormundschaftsrichter. 1899. 8°. 50 Pf.

Schlagwort-Register.

R. = Nummer der Sammlung Deutscher Reichsgesetze.
P. = Nummer der Sammlung Preußischer Gesetze.
S. = Seite.

Schlagwort-Register. (R. = Reichsgesetz, P. = preuß. Gesetz.)

Schlagwort-Register. (R. = Reichsgesetz, P. = preuß. Gesetz.)

Schlagwort-Register. (R. = Reichsgesetz, P. = preuß. Gesetz.)

Schlagwort-Register. (R. = Reichsgesetz, P. = preuß. Gesetz.)

 Nr. 9. X. 1916. 42 000.

FSC
www.fsc.org
MIX
Papier | Fördert
gute Waldnutzung
FSC® C083411

Kolibri 360 GmbH
Ferdinand-Jühlke-Straße 7
99095 Erfurt, Deutschland
produktsicherheit@kolibri360.de